Dédicace

À la mémoire de mon grand-père, H. Lee Baker, dont la noblesse, la bonté, l'intelligence et la curiosité spirituelle ont inspiré tous ceux qui l'ont connu.

Remerciements

Je remercie Phil Tavares et Wendy Simard pour la confiance qu'ils m'ont témoignée et pour leurs encouragements. J'aimerais manifester toute ma gratitude à Brian Provenzale pour ses inlassables efforts de recherche et, bien sûr, pour son sens de l'humour inépuisable et plutôt cru en ce qui concerne les toilettes.

LE PETIT LIVRE DES

méditations pour la salle de bain

Sagesse spirituelle quotidienne

MICHELLE HELLER

Traduit de l'américain
par Renée Thivierge

AdA Inc.

Éditeur : François Doucet
Traduction : Renée Thivierge
Révision linguistique : Nicole Demers et André St-Hilaire
Révision : Nancy Coulombe
Graphisme : Sébastien Rougeau
Design de la couverture : Peter King & Company
ISBN-10 : 2-89565-383-6
ISBN-13 : 978-2-89565-383-7
Première impression : 2006
Dépôt légal : 2006
Bibliothèque et Archives nationales du Québec
Bibliothèque Nationale du Canada

Éditions AdA Inc.
1385, boul. Lionel-Boulet
Varennes, Québec, Canada, J3X 1P7
Téléphone : 450-929-0296
Télécopieur : 450-929-0220
www.ada-inc.com
info@ada-inc.com

Diffusion

Canada :	Éditions AdA Inc.
France :	D.G. Diffusion Rue Max Planck, B. P. 734 31683 Labege Cedex Téléphone : 05.61.00.09.99
Suisse :	Transat - 23.42.77.40
Belgique :	D.G. Diffusion - 05.61.00.09.99

Imprimé au Canada

Participation de la SODEC.
Nous reconnaissons l'aide financière du gouvernement du Canada par l'entremise du Programme d'aide au développement de l'industrie de l'édition (PADIÉ) pour nos activités d'édition.
Gouvernement du Québec - Programme de crédit d'impôt pour l'édition de livres - Gestion SODEC.

Catalogage avant publication de Bibliothèque et Archives Canada

Heller, Michelle

Le petit livre des méditations pour la salle de bain
Traduction de : Bathroom meditations.
ISBN 2-89565-383-6

1. Méditations. 2. Vie - Méditations. I. Titre.

BF637.M4H4414 2006 158.1'28 C2005-942147-9

Table des matières

Introduction

La déesse des toilettes et des trucs pour passer le temps dans la salle de bain 7

Première partie : Le cœur

Chapitre 1 : La sagesse et la prière 17
Chapitre 2 : L'amour et l'amitié 31
Chapitre 3 : Le rire et le bonheur 49
Chapitre 4 : L'âme et les visions de l'infini 65
Chapitre 5 : L'espoir et la foi 81

Deuxième partie : Le corps

Chapitre 6 : Le temps et la vieillesse 95
Chapitre 7 : La table et la santé 109
Chapitre 8 : Le travail et les loisirs 125

Chapitre 9 : La mort et la nature 139
Chapitre 10 : Le sexe et le vice 155

Troisième partie : L'esprit

Chapitre 11 : L'adversité et la réussite 171
Chapitre 12 : La solitude et la société 185
Chapitre 13 : La patience et l'humilité 199
Chapitre 14 : La faiblesse et la moralité 213
Chapitre 15 : L'art et la créativité 225

Ressources 243
À propos de l'auteure 247

Introduction

LA DÉESSE DES TOILETTES ET DES TRUCS POUR PASSER LE TEMPS DANS LA SALLE DE BAIN

La salle de bain : cet endroit où tous les humains, grands ou petits, doivent tôt ou tard faire face à leur propre nature animale. Mais que signifie exactement la salle de bain pour nous ? L'austère simplicité d'une cuvette de toilette évoque une certaine pureté d'intention et, lorsque cet animal qu'est l'homme est assis dans les latrines, son intention est mise à nu et devient des plus touchantes dans un monde pressé et compliqué. Cet ouvrage a pour but de saisir cette pureté, d'accueillir la simple joie de se détendre sur un siège de porcelaine froid, en toute tranquillité et délivré des soucis du reste du monde.

Nous devrions tous éviter de gaspiller le précieux temps que nous passons dans la salle de bain puisqu'il représente un inestimable fragment d'espace ; toutefois bref, il constitue le moment idéal de nous poser une question qui remonte aux philosophes de l'Antiquité : « Sommes-nous des animaux ou quelque chose de plus divin, de plus immortel ? » La prochaine fois qu'un bruit inopiné ou qu'une odeur peu flatteuse vous troublera, demandez-vous ceci : « Dieu veut-il tout cela ? Dieu m'aurait-il créé tel que je suis s'Il ne l'avait pas vraiment voulu ainsi ? » Ce recueil de méditations, de citations et de réflexions philosophiques est conçu pour nourrir votre réflexion relativement à ces questions, et à tout autre sujet profondément contemplatif sur lequel vous souhaiteriez vous pencher. Une séance dans la salle de bain représente pour beaucoup de gens la seule chance de trouver la paix et l'intimité ; alors, installez-vous confortablement et relaxez-vous ! Il s'agit de l'une des rares occasions dans la vie où l'être humain est laissé seul, nu devant Dieu, aussi naturel que le jour de sa naissance. Alors, y a-t-il un meilleur endroit pour méditer sur notre individualité et sur notre âme ?

Cloacina

Les Romains connaissaient l'importance des salles de bain ; ils vénéraient une déesse, Cloacina, qui se voulait la protectrice des latrines publiques et des égouts de la ville. Par ricochet, elle était aussi la déesse de la purification. Des sanctuaires furent construits autour de Rome pour lui rendre hommage et pour la remercier de son travail de nettoyage et d'expulsion du démon. Le mot « catharsis » nous vient ici à l'esprit, avec sa double signification de purification émotionnelle et de purgation des excréments du corps. Cette double signification rappelle le singulier pouvoir de l'activité de la salle de bain d'unir fonctions corporelles et émotionnelles et, à n'en point douter, les toilettes et les intestins ont tous deux une grande résonance émotionnelle sur chacun de nous.

Comme pourrait en témoigner Cloacina, le temps passé dans une salle de bain ne concerne pas uniquement le corps ; l'esprit, le cœur et le moi spirituel ont aussi un rôle à jouer chaque fois que l'on passe un moment à cet endroit. Pour quelle autre raison, même dans notre monde moderne, « nous prosternons-nous devant le dieu de porcelaine » ? Pour quelle autre raison savourons-nous tellement cette chance de nous purifier ? Peut-être que, durant cet acte infiniment naturel, ne sommes-nous personne d'autre que nous-mêmes et notre Dieu a-t-il la possibilité de nous voir, ce qui nous oblige à affronter aussi bien notre moi naturel que notre moi spirituel. Dans la salle de bain, le naturel devient le divin ; les gens sont plus près de leur moi authentique et, par conséquent, plus enclins à chercher la vérité, cette vérité cosmique de la toilette. Chacun connaît le sentiment de libération transcendant qui suit une excursion à la salle de bain, et cette sensation n'est-elle pas tant spirituelle que physique ? Dans les salles de bain, les hommes deviennent à la fois des animaux, des enfants et des anges ; de fait, c'est dans la salle de bain que l'humanité est peut-être la plus spirituelle. Ce serait certainement l'opinion de Cloacina.

« Aujourd'hui, mon couple s'est brisé »

Ainsi, les gens sont davantage eux-mêmes dans les salles de bain ; l'observation de ce qui se passe dans les toilettes publiques confirme cet affirmation. La prochaine fois que vous vous y rendrez, prenez un instant pour examiner les *latrinalias*, c'est-à-dire les graffitis sur les murs. Les gens y partagent leurs secrets, se vantent de leurs conquêtes sexuelles, demandent et offrent des conseils, se jurent un amour éternel et, la plupart du temps, se posent des questions de nature philosophique. Il y a quelques mois, j'ai pu lire la confession désespérée suivante dans une salle de bain : « Aujourd'hui, mon couple s'est brisé. » Une autre habituée, certainement un peu troublée, avait écrit ceci : « Il est fantastique, mais quelque peu stupide. Que devrais-je faire ? » Et la communauté lui a répondu par des conseils, des adages spirituels et des confessions personnelles.

Ce processus de confession dans la salle de bain n'a rien d'un rituel récent. En fait, les archéologues ont découvert des traces de graffitis dans les ruines d'anciennes latrines romaines, des griffonnages qui exprimaient souvent les mêmes préoccupations et les mêmes émotions que celles que nous trouvons de nos jours sur les murs des salles de bain. À travers l'histoire, on a utilisé les salles de bain publiques comme confessionnaux, bureaux de thérapeute, tout autant que comme lieu d'activités illégales, de rapports sexuels, de curage de nez, de conversations intimes et d'intenses débats moraux. Pourquoi les gens ressentent-ils le besoin de partager leurs pensées les plus intimes, autant les plus insignifiantes que les plus philosophiques, alors qu'ils se trouvent dans la toilette ? Peut-être que, à l'image du fameux *Penseur* de Rodin, la posture particulière que l'on y prend se prête-t-elle à une intense méditation. « J'effectue la plus grande partie de mon travail en position assise ; c'est à ce moment que j'excelle », a écrit l'écrivain Robert Benchley, et il existe une certaine vérité dans cette corrélation entre la détente physique et la stimulation intellectuelle. Il est cependant plus probable que les utilisateurs des salles de bain versent dans la philosophie simplement en raison du lien indissoluble entre le soulagement corporel et la catharsis spirituelle. Dans la salle de bain, nous sommes tous égaux et tout jugement y est interdit. Tout comme le confessionnal et le sofa du psychiatre, la toilette peut, en ce sens, jouer un rôle indispensable dans le processus de purification que symbolise la Cloacina des temps anciens.

Le cou d'une oie

Lorsque nous nous assoyons sur un siège de toilette, nous nous ressemblons tous, que nous soyons riches ou pauvres, puissants ou impuissants. L'image de cette étrange juxtaposition — notre façon d'être dans le monde extérieur et notre façon d'être dans une salle de bain — explique la raison pour laquelle les salles de bain sont si naturellement désopilantes. Mais l'humour de toilettes n'est pas un phénomène nouveau. Il occupe une place historique hautement estimée dans la littérature, de Chaucer à Swift jusqu'à Bukowski. Le moine médiéval François Rabelais gagnait son pain — tout comme sa réputation notoire — avec ses contes paillards de beuveries et de salles de bain. Dans *Gargantua et Pantagruel,* Gargantua explique de manière très détaillée sa longue recherche pour trouver le parfait papier hygiénique. Il y raconte de façon hilarante ses aventures avec des couvre-lits, des rideaux, des mouchoirs de satin, des feuilles d'épinard, des oreillers, des chapeaux de velours, et même les gants de sa mère, jusqu'à ce qu'il finisse par adopter le cou duveteux d'une oie pour essuyer son derrière. L'écrivain Henry Miller a aussi ressenti le besoin de célébrer les joies physiques. Dans son traité de douze pages intitulé Printemps noir, il claironne son amour pour l'acte d'uriner. « Lorsque j'aborde le sujet des toilettes, je revis certains de mes meilleurs moments », dit-il, puis il se met à décrire avec tendresse quelques-unes de ses expériences urinaires préférées durant sa vie. Le sens de l'humour des bas-fonds ressort clairement de ces deux exemples : l'humour de toilettes est une délicieuse et nécessaire reconnaissance de l'animal connu sous le nom d'homme. Donc, la prochaine fois que vous vous assoirez sur le trône, riez un peu ! Peu de choses dans la vie sont aussi drôles qu'une cuvette de toilette.

Le présent ouvrage vous présente des citations et des passages qui vous aideront à profiter du temps que vous passez dans la salle de bain. Divisé en trois parties, le cœur, le corps et l'esprit – il comprend des pensées sur l'âme, la nature, la nourriture et la boisson, l'humilité, la méditation, la prière et le rire –, il traite de sujets qui touchent d'une manière ou d'une autre le précieux et indestructible lien entre l'humanité et les toilettes. Comme l'a dit William Shakespeare, de grands déluges ont jailli de simples sources, et c'est aussi vrai pour la salle de bain. De grandes pensées peuvent émerger de quelques instants passés à la salle de bain.

PREMIÈRE PARTIE

Le cœur

* * *

La salle de bain est non seulement un lieu idéal pour se lancer dans de profondes réflexions ; c'est aussi un bon endroit pour prendre contact avec son cœur, son âme et son moi spirituel. La sélection suivante de poésies, d'extraits philosophiques, d'adages et de passages de la Bible provient de personnages aussi diversifiés que da Vinci, Gandhi, le philosophe William James, Mohamed Ali, le dalaï-lama, Elizabeth Barrett Browning, le musicien Leonard Cohen, Thérèse d'Avila et l'acteur Alan Alda. Ces écrivains, penseurs et artistes offrent leurs réflexions sur des sujets comme la prière, la mémoire, la conscience, le mariage, le courage, le paganisme, les éléments du bonheur, la nécessité de rire et la manière appropriée de donner un conseil à un ami.

1. La sagesse et la prière

Les milliers de mystères qui nous entourent ne susciteraient pas le trouble mais plutôt l'intérêt, si seulement nous avions le cœur joyeux et sain.

~ Friedrich Nietzsche, philosophe allemand, XIXe siècle

Le plaisir le plus noble est la joie de comprendre.

~ Leonardo da Vinci, peintre, sculpteur et inventeur, XVe siècle

Je ne peux croire que ce Dieu qui nous a dotés de sens, d'une raison et d'un intellect voulait que nous renoncions à leur usage.

~ Galileo Galilei, astronome italien, XVIIe siècle

Vous devez comprendre la vie dans son ensemble, non seulement une parcelle de celle-ci. C'est pourquoi vous devez lire, regarder le ciel, chanter et danser, écrire des poèmes, souffrir et comprendre. Tout cela, c'est la vie.

~ Jiddu Krishnamurti, philosophe indien, XXe siècle

L'honnêteté est le premier chapitre du livre de la sagesse. Cultivons-la pour nous mériter le qualificatif de nation juste.

~ Thomas Jefferson, auteur américain et homme d'État

Assoyez-vous devant les faits comme le ferait un enfant. Soyez prêt à abandonner toute idée préconçue, à suivre humblement la nature vers les abîmes où elle vous mène, sinon vous n'apprendrez rien.

~ Thomas Henry Huxley, biologiste anglais, XIXe siècle

Soyez patient à l'égard de tout ce qui est irrésolu dans votre cœur et tentez d'aimer les questions pour elles-mêmes. Vivez avec les questions. Peut-être les découvrirez-vous petit à petit, sans vous en apercevoir, et vivrez-vous assez longtemps avec elles pour apercevoir les réponses.

~ Rainer Maria Rilke, poète et essayiste allemande

Le flot de la pensée s'écoule, mais la plupart de ses constituants tombent dans l'abîme sans fond de l'oubli. De certains, aucun souvenir ne subsiste de leur passage. De certains autres, il se limite à quelques moments, à quelques heures ou à quelques jours. D'autres encore laissent des traces indestructibles, qui nous permettent de nous en rappeler la vie durant.

~ William James, philosophe américain, XIXe siècle

Commencez à remettre en question vos propres hypothèses. Ces dernières sont vos fenêtres sur le monde. Nettoyez-les à fond de temps à autre, sinon la lumière n'entrera pas chez vous.

~ Alan Alda, acteur et réalisateur américain

L'univers est changement ; notre vie est ce qu'en font nos pensées.

~ Marc-Aurèle, empereur romain, Ier siècle

On peut tirer beaucoup de plaisir d'un savoir inutile.

~ Bertrand Russell, philosophe britannique

Chaque homme doit demeurer curieux chaque heure de sa grande aventure, et ce, jusqu'au jour où il ne projettera plus son ombre sous le soleil car, s'il devait mourir sans une question dans son cœur, quelle raison aurait-il eue de poursuivre sa route ?

*~ Frank Moore Colby, éditeur et essayiste américain, XVIII*e *siècle*

Les hommes n'acquièrent pas la sagesse par la somme de leurs expériences, mais par leur propension à les vivre.

*~ James Boswell, biographe anglais, XVIII*e *siècle*

Beaucoup de gens croient qu'ils pensent alors qu'ils ne font que réorganiser leurs préjugés.

*~ William James, philosophe américain, XIX*e *siècle*

Il se peut que je sois condamné à revenir sur mes pas tout en croyant que j'explore, à essayer de connaître ce que je devrais fort bien connaître, à apprendre une faible partie de ce que j'ai oublié.

~ André Breton, poète et critique français

Les pensées mènent aux objectifs ; les objectifs se muent en actions ; les actions forment les habitudes ; les habitudes façonnent le caractère ; et le caractère détermine notre destin.

~ Tryon Edwards, théologien et auteur américain du XIXe siècle.

L'apprentissage du zen est un phénomène qui tient de l'or et du fumier. Avant de comprendre le zen, il ressemble à de l'or ; une fois que vous l'avez compris, il ressemble à du fumier.

~ Maître zen

Les grands exploits et les grandes idées commencent de façon ridicule. De grands travaux sont souvent nés à un coin de rue ou dans la porte tournante d'un restaurant.

~ Albert Camus, romancier, dramaturge et essayiste français

Le but de la vie est de vivre. Vivre veut dire être conscient joyeusement, sereinement, divinement conscient.

~ Henry Miller, auteur et essayiste américain

Dans la tourmente et le chaos, que la tranquillité vous habite.

~ Deepak Chopra, auteur et physicien indien

La plus expresse marque de la sagesse, c'est une réjouissance constante ; son état est comme des choses au-dessus de la lune : toujours serein.

~ Michel de Montaigne, essayiste français du XVIe siècle

Un homme est ce que sont les pensées qu'il entretient durant la journée.

~ Ralph Waldo Emerson, auteur et activiste américain du XIXe siècle

Réfléchissez à vos bonheurs présents ; tout homme en a beaucoup.

~ Charles Dickens, romancier anglais

La méditation consiste à découvrir s'il existe un domaine non encore contaminé par le connu.

~ Jiddu Krishnamurti, philosophe indien du XXe siècle

Le premier pas de la sagesse est de tout accuser ; le dernier, de tout concilier.

~ Georg Christoph Lichtenberg, éducateur, savant et écrivain allemand du XVIIIe siècle

La plus grande caractéristique de l'être humain n'est pas sa capacité d'apprendre, ce qu'il partage avec bien d'autres espèces, mais son habileté à enseigner et à retenir les connaissances que les autres lui ont léguées.

~ Margaret Meade, anthropologue américaine

La sagesse de la vie consiste à éliminer ce qui n'est pas essentiel.

~ Lin Yutang, écrivain et philologue chinois

Décidez d'être vous-même et sachez que celui qui se retrouve échappe à la détresse.

~ Matthew Arnold, poète anglais du XIXe siècle

L'homme qui n'a aucune vie intérieure est l'esclave de son entourage.

~ Henri Frédéric Amiel, philosophe suisse du XIXe siècle

Dans la vie, rien n'est à craindre, tout est à comprendre.

~ Marie Curie, physicienne polonaise

Être capable d'être captif du monde de la pensée — voilà ce que c'est que d'être éduqué.

~ Edith Hamilton, auteure et classiciste née en Allemagne

Apprendre sans sagesse ressemble à une charge de livres sur le dos d'un âne.

~ Zora Neale Hurston, romancière américaine

L'esprit que j'aime doit toujours contenir des endroits sauvages, un verger enchevêtré où les prunes sombres tombent dans l'herbe épaisse, un boisé envahi par la végétation, la chance que l'on trouve un serpent ou deux (de vrais serpents), un étang dont personne n'a sondé la profondeur, et des sentiers sertis de ces petites fleurs semées par l'esprit.

~ Katherine Mansfield, nouvelliste née en Nouvelle-Zélande

Il y a trois méthodes d'apprendre la sagesse : premièrement, par la réflexion, ce qui est la plus noble ; deuxièmement, par l'imitation, ce qui est la plus facile ; et troisièmement, par l'expérience, ce qui est la plus amère.

~ Confucius, philosophe chinois

Rien n'est plus propice à tranquilliser l'esprit que la stabilité de l'intention — un point d'ancrage sur lequel l'âme peut fixer une vision intellectuelle.

~ Mary Shelley, romancière anglaise du XIXe siècle

Prier, c'est porter attention à quelque chose ou à quelqu'un qui n'est pas nous. Lorsqu'un homme fait preuve d'une grande concentration — sur un paysage, un poème, un problème géométrique, une idole, ou le véritable Dieu — et qu'il en oublie complètement son ego et ses désirs, alors il prie… La première tâche de l'enseignant est d'apprendre aux enfants, dans un contexte séculier, la technique de la prière.

~ W.H. Auden, poète anglais

La prière est une affaire de translation. L'homme devient à l'image d'un enfant qui, dans un langage à peine maîtrisé, demande tout ce qui existe.

~ Leonard Cohen, auteur-compositeur-interprète canadien

La prière n'est pas une distraction de vieille femme désoeuvrée. Bien comprise et bien appliquée, elle est le plus puissant instrument d'action.

~ Mohandas Gandhi, homme d'État indien

Peut-être prions davantage lorsque nous parlons moins, et prions-nous moins lorsque nous parlons davantage.

~ Saint Augustin d'Hippone, père de l'Église, IVe siècle

Priez intérieurement, même si cela ne vous plaît pas. Cela fait du bien, même si vous ne ressentez rien. Oui, même si vous croyez que vous ne faites rien.

~ Julian de Norwich, anachorète, mystique et auteure anglaise, XIVe siècle

La prière englobe tous les aspects de la vie humaine. Si faible, si insignifiant ou si vulgaire puissions-nous le considérer, il n'y a ni pensée, ni sentiment, ni cri, ni désir qui, s'il affecte notre intérêt ou notre bonheur véritable, ne peut être déposé devant Dieu et être assuré de sa compréhension. Sa nature est telle qu'Il ne se lasse jamais de nos fréquentes demandes. Tout homme peut passer le fardeau de sa vie à Dieu sans pour autant qu'Il ne s'en lasse, même si l'homme était épuisé de le supporter.

~ Henry Ward Beecher, pasteur et réformateur protestant, XIXe siècle

Ne priez pas pour oublier vos problèmes. Ne priez pas pour être en mesure de supporter vos émotions. Priez pour accomplir la volonté de Dieu en toute circonstance. Rien d'autre ne justifie la prière.

~ Samuel M. Shoemaker, recteur de l'American Episcopal et cofondateur des Alcooliques anonymes.

Les prières faites pour aider d'autres personnes m'ont été bénéfiques ; en priant Dieu en leur nom, j'ai moi-même reçu beaucoup.

~ Samuel Rutherford, théologien et pasteur écossais, XVIIe siècle

Dans la prière, il est mieux d'avoir du cœur et pas de mots plutôt que des mots et pas de cœur. La prière éloignera l'homme du péché, ou le péché le persuadera d'abandonner la prière. L'esprit de la prière est plus précieux que les trésors faits d'or et d'argent. Priez souvent, car la prière est le bouclier de l'âme, un sacrifice offert à Dieu, et une flagellation pour Satan.

~ John Bunyan, écrivain religieux, XVIIe siècle

Prier ne consiste pas à convaincre Dieu de répondre à nos attentes, mais à prendre conscience de Sa volonté.

~ Martin Luther, réformateur protestant

La prière: la clé du matin et le verrou du soir.

~ Charles Haddon Spurgeon, pasteur baptiste, XIXe siècle

Vous arrive-t-il de passer quelques jours à jeûner et à prier ? Prenez d'assaut le trône de la grâce et persévérez, la miséricorde viendra.

~ John Wesley, réformiste et fondateur du méthodisme, XVIIe siècle

Peut-être devrez-vous passer des heures à genoux ou face contre terre devant le trône. Peu importe. Attendez. Dieu fera de grandes choses pour vous si vous savez être patient. Inclinez-vous devant Lui. Collaborez avec Lui.

~ John Smyth, réformateur protestant anglais, XVIe siècle

C'est l'histoire d'un petit garçon qui essayait vaillamment de déplacer une lourde bûche pour dégager le chemin donnant accès à sa cachette préférée. Son père, qui se tenait près de lui, lui demanda pourquoi il n'utilisait pas toute sa force. Le petit garçon assura son père qu'il utilisait tous ses ressources. En toute quiétude, son père lui répondit que ce n'était pas le cas parce qu'il ne lui (à son père) avait pas demandé son aide.

~ Zig Zigler, conférencier motivateur et auteur américain

Mais quand tu pries, entre dans ta chambre, ferme ta porte, et prie ton Père qui est là dans le lieu secret ; et ton Père, qui voit dans le secret, te le rendra.

~ Mathieu, 6:6

La prière n'est pas un substitut au travail, à la pensée, à l'observation, à la souffrance ou à la générosité ; elle soutient tous les autres efforts.

~ George Buttrick, pasteur presbytérien, éducateur et écrivain né en Angleterre

Notre prière, cependant, doit être soutenue et poursuivie avec une énergie inlassable, une persistance qui ne pourra être mise en doute, et un courage indéfectible.

~ E.M. Bounds, ministre méthodiste américain, XIXᵉ siècle

Dieu ne fait rien sans la prière, mais tout avec elle.

~ John Wesley, réformateur et fondateur du méthodisme, XVIIᵉ siècle

La prière ne nous équipe pas pour accomplir de grandes œuvres ; elle est la plus grande des œuvres.

~ Oswald Chambers, ministre, professeur et auteur écossais, XIXᵉ siècle

La prière a un plus grand pouvoir que les hommes ne l'imaginent...

~ Lord Alfred Tennyson, poète anglais

2. L'amour et l'amitié

Aimer une autre personne, c'est voir le visage de Dieu.

~ Victor Hugo, poète et romancier français, XIXe siècle

Rechercher l'amour, c'est bien, mais le recevoir sans l'avoir cherché, c'est mieux.

~ William Shakespeare, dramaturge et poète anglais

Pour un être humain, en aimer un autre est sans doute la plus difficile des tâches ; c'est l'ultime épreuve, un travail pour lequel tous les autres efforts n'auront été que préparation.

~ Rainer Maria Rilke, poète et essayiste allemande

Il suffit d'un très petit degré d'espérance pour causer la naissance de l'amour.

~ Stendhal, romancier français, XIXe siècle

L'amour, c'est l'étoffe de la nature que l'imagination a brodée.

~ Voltaire, écrivain du Siècle des lumières

Ce qui reste de l'homme bon, ce sont ses petits gestes d'amour et de bonté, ceux-là mêmes dont personne ne se souvient ou n'en connaît l'existence.

~ William Wordsworth, poète du romantisme anglais

Je ne veux pas seulement vivre… Je veux d'abord aimer, puis vivre.

~ Zelda Fitzgerald, écrivaine américaine et épouse de F. Scott Fitzgerald

Quand je parlerais les langues des hommes et des anges, si je n'ai pas la charité, je suis un airain qui résonne, ou une cymbale qui retentit. Et quand j'aurais le don de prophétie, la science de tous les mystères et toute la connaissance, quand j'aurais même toute la foi jusqu'à transporter des montagnes, si je n'ai pas la charité, je ne suis rien. Et quand je distribuerais tous mes biens pour la nourriture des pauvres, quand je livrerais même mon corps pour être brûlé, si je n'ai pas la charité, cela ne me sert à rien. La charité est patiente, elle est pleine de bonté ; la charité n'est point envieuse ; la charité ne se vante point, elle ne s'enfle point d'orgueil, elle ne fait rien de malhonnête, elle ne cherche point son intérêt, elle ne s'irrite point, elle ne soupçonne point le mal, elle ne se réjouit point de l'injustice, mais elle se réjouit de la vérité ; elle excuse tout, elle croit tout, elle espère tout, elle supporte tout. La charité ne périt jamais. Les prophéties prendront fin, les langues cesseront, la connaissance disparaîtra… Maintenant donc, foi, espérance et amour demeurent tous les trois, mais la plus grande d'entre elles, c'est l'amour.

~ Corinthiens, 13:1-8, 13

L'amour, c'est la vie. Et si vous manquez d'amour, vous manquez votre vie.

~ Leo Buscaglia, auteur, éducateur et conférencier américain

Lorsque vous êtes en présence d'un adversaire, subjuguez-le avec l'amour.

~ Mohandas Gandhi, homme d'État indien

Le mariage et l'amitié éternelle devraient être inviolables et sacrés : deux grandes passions créatrices, indépendantes, isolées, mais complémentaires ; l'une essentielle, l'autre aventureuse : celle du mariage, le centre de la vie humaine ; et l'autre, le bond en avant.

~ D.H. Lawrence, romancier et poète anglais

Le plus grand amour est celui d'une mère, vient ensuite l'amour d'un chien, puis celui d'un amant.

~ Proverbe polonais

L'amour (compris comme le désir de rendre l'autre heureux) est en fait un phénomène si peu naturel qu'il est peu probable qu'il se reproduise, l'âme étant incapable de retrouver sa virginité et n'ayant pas assez d'énergie pour plonger encore une fois dans l'océan d'une autre âme.

~ James Joyce, romancier irlandais

Les lois de la véritable amitié s'expriment dans cette règle : accueillir celui qui arrive, hâter le départ de l'invité.

~ Alexander Pope, poète anglais, XVIIIe siècle

Toutes les pensées, toutes les passions qui agitent le cœur mortel sont les esclaves de l'amour et nourrissent sa flamme sacrée.

~ Samuel Taylor Coleridge, poète anglais

Si je place l'amour au-dessus de tout, c'est que pour moi il s'agit de la situation la plus désespérée et la plus désespérante.

~ André Breton, poète et critique français

J'ai découvert le paradoxe que si j'aime jusqu'à la souffrance, je ne ressens aucun mal, seulement plus d'amour.

~ Mère Teresa, religieuse et missionnaire catholique romaine

L'amour est la forme de courage la plus difficile et la plus dangereuse. Le courage est la forme d'amour la plus désespérée, la plus admirable et la plus noble.

~ Delmore Schwartz, poète et écrivain américain

Dans tous les cas, mariez-vous. Si vous tombez sur une bonne épouse, vous serez heureux ; et si vous tombez sur une mauvaise, vous deviendrez philosophe.

~ Socrate, philosophe grec

On dit que l'amour est aveugle… et que le mariage est une institution. Bien, je ne suis tout simplement pas prête pour une institution pour aveugles.

~ Mae West, actrice de cinéma américaine

Était-elle aimée à cause de ses yeux si magnifiques, ou ses yeux étaient-ils si magnifiques parce qu'elle était tant aimée ?

~ Anzia Yenerska, écrivain polonais

Tout est plus lumineux lorsque vous êtes en amour.

~ John Lennon, auteur-compositeur-interprète anglais

Que votre amour soit une pluie brumeuse, qui survient doucement, mais qui fait déborder la rivière.

~ Proverbe malgache

S'estimer est un péché moins vil que de se détester.

~ William Shakespeare, poète et dramaturge anglais

Celui qui ferme sa porte à l'amour devrait en retour en être privé, forcé à espérer et à hurler dans la profonde obscurité.

~ Lord Alfred Tennyson, poète anglais

La vie est une fleur dont l'amour est le miel.

~ Victor Hugo, poète et romancier français, XIXe siècle

L'amour n'a rien à voir avec ce que vous escomptez recevoir, seulement avec ce que vous comptez donner, ce qui est l'essentiel. Ce que vous recevez en retour variera, mais n'est vraiment pas lié à ce que vous donnez. Vous donnez parce que vous aimez et que vous ne pouvez vous empêcher d'agir ainsi.

~ Katharine Hepburn, actrice américaine

Dans ce monde, rien n'est plus doux que l'amour et, tout de suite après, c'est la haine.

~ Henry Wadsworth Longfellow, poète américain, XIXe siècle

La véritable amitié multiplie ce qu'il y a de bon dans la vie et divise ce qu'il y a de mauvais. Faites tout pour trouver des amis car, sans eux, la vie est semblable à celle qui existe sur une île déserte… Il faut une chance extraordinaire pour trouver un véritable ami au cours d'une vie, et le garder est une bénédiction.

~ Baltasar Gracian, philosophe espagnol, XVIIe siècle

L'habituelle (et très vicieuse) absurdité prônée au sujet de l'amour soutient que l'amour est un sacrifice de soi. L'individualité d'un homme est son âme. Si on sacrifie son âme, qui et que lui reste-t-il pour ressentir l'amour ? Le véritable amour est profondément égoïste ; dans le sens le plus noble du mot, c'est l'expression de notre moi, de nos valeurs les plus élevées. Lorsque quelqu'un est en amour, il cherche son propre bonheur, non à se sacrifier pour l'être aimé. Et ce dernier serait un monstre s'il exigeait un tel sacrifice.

~ Ayn Rand, romancier et philosophe né en Russie

Aucune âme n'est désespérée tant qu'il existe un être humain qui mérite sa confiance et son respect.

~ George Eliot, romancier anglais, XIXe siècle

Deux valent mieux qu'un, parce qu'ils retirent un bon salaire de leur travail. Car, s'ils tombent, l'un relève son compagnon ; mais malheur à celui qui est seul et qui tombe, sans avoir un second pour le relever.

~ Ecclésiaste, 4:9

Lorsque des amis cessent d'être francs et de s'entraider, le monde entier perd une partie de son éclat.

~ Anatole Broyard, critique littéraire et essayiste américain

Presque tous les mariages, même les plus heureux, sont des erreurs dans le sens où il est presque certain que (dans un monde parfait ou, avec un peu plus d'attention, dans ce monde imparfait) chacun des partenaires pourrait trouver un meilleur compagnon de vie. Cependant, la véritable âme sœur est celle avec laquelle vous êtes maintenant marié.

~ J.R.R. Tolkien, écrivain et universitaire anglais

Le bonheur suprême dans la vie, c'est d'avoir la conviction d'être aimé pour ce que nous sommes, ou mieux, malgré ce que nous sommes.

~ Victor Hugo, poète et écrivain français, XIXe siècle

L'amitié est toujours une douce responsabilité, jamais une opportunité.

~ Kahlil Griban, poète et romancier né au Liban

Il existe une différence importante entre l'amour et l'amitié. Alors que le premier se complaît dans les extrêmes et les opposés, le dernier exige l'égalité.

~ Françoise d'Aubigné Maintenon, épouse de Louis XIV de France

Il n'est qu'un luxe véritable, et c'est celui des relations humaines.

~ Antoine de Saint-Exupéry, écrivain français

Lorsque vous conseillez votre ami, cherchez à l'aider, non à lui plaire.

~ Solon, homme d'État et poète athénien

L'amitié est une des plus douces joies de la vie. Beaucoup de personnes auraient pu échouer sous l'amertume de leurs épreuves si elles n'avaient trouvé un ami.

~ Charles Haddon Spurgeon, pasteur baptiste, XIXe siècle

L'amitié est une chose inutile, comme la philosophie et l'art. Elle n'a aucune valeur de survie ; elle est plutôt une de ces choses qui donnent de la valeur à la survie.

~ C.S. Lewis, romancier et critique anglais

Et quand l'amour parle, les voix de tous les dieux endorment les cieux par leur harmonie.

~ William Shakespeare, dramaturge et poète anglais

L'amitié est la chose la plus difficile à expliquer dans ce monde. Ce n'est pas une notion que vous apprenez à l'école mais, si vous n'avez pas compris sa signification, vous n'avez vraiment rien appris.

~ Mohamed Ali, boxeur américain

L'amitié qui jaillit du cœur ne peut être stoppée par l'adversité, comme l'eau qui jaillit de la source ne peut geler en hiver.

~ James Fenimore Cooper, romancier américain, XIXe siècle

Ne te réjouis pas si l'amitié t'autorise à dire des paroles désagréables à tes amis. Plus tu deviens proche de quelqu'un, plus le tact et la courtoisie deviennent nécessaires.

~ Oliver Wendell Holmes, avocat et juge américain

Ainsi la nature n'aime pas la solitude et, comme toujours, elle a besoin de s'appuyer sur quelque chose ; et le meilleur soutien se trouve dans les amitiés les plus sincères.

~ Cicéron, orateur et écrivain romain

Le monde ressemble à un miroir. Souriez, et vos amis vous souriront.

~ Proverbe zen

L'amour divin est infini, omniprésent ; cet amour transcende l'erreur, le péché et la mort.

~ Mary Baker Eddy, écrivaine et fondatrice de la Science chrétienne

Les véritables amis sont ceux que vous pouvez appeler à quatre heures du matin.

~ Marlene Dietrich, actrice allemande

Dans le grand désert qu'est ce monde, nous sommes tous des voyageurs et le mieux que nous puissions y trouver est un ami honnête.

~ Robert Louis Stevenson, auteur écossais, XIXe siècle

La véritable amitié est comme la santé ; tu n'en connais la valeur que lorsque tu l'as perdue.

~ Charles Caleb Colton, ecclésiastique et écrivain anglais, XIXe siècle

Une réponse donnée avec franchise est une vraie preuve d'amitié.

~ Proverbes, 24:26

Mon meilleur ami est celui qui fait ressortir le meilleur en moi.

~ Henry Ford, inventeur et industriel

L'amitié est une chose douce, un baume cher,
Un oiseau heureux, augure de tranquillité.

~ Percy Bysshe Shelley, poète anglais

Ma richesse, ce sont mes amis.

~ Emily Dickinson, poète américaine

Nos amitiés constituent la meilleure partie de notre vie.

~ Abraham Lincoln, président et avocat américain

Deux êtres peuvent vivre sous le même toit pendant des années sans jamais vraiment se connaître ; deux autres deviennent amis à la première parole échangée.

~ Mary Catherwood, auteure américaine, XIXᵉ siècle

Faites-vous de nouveaux amis et gardez les anciens, les premiers sont de l'argent, les autres de l'or.

~ Dicton des Guides

La meilleure chose que vous puissiez faire pour une autre personne n'est pas uniquement de partager vos richesses, mais de lui révéler les siennes.

~ Benjamin Disraeli, romancier et premier ministre anglais, XIXᵉ siècle

Traitez les gens comme s'ils étaient ce qu'ils pourraient être et vous les aiderez à devenir ce qu'ils sont capables d'être.

~ Johann Wolfgang von Goethe, poète et romancier allemand

N'importe qui peut compatir aux souffrances d'un ami, mais il faut une nature très noble pour se réjouir de ses succès.

~ Oscar Wilde, poète et dramaturge irlandais, XIXᵉ siècle

Avant de pouvoir se lier d'amitié avec quelqu'un d'autre, il faut être ami avec soi-même.

~ Eleanor Roosevelt, activiste et première dame américaine

L'amitié qui peut finir ne fut jamais vraie.

~ Saint Jérôme, ascète chrétien, IVe siècle

Je considère l'amitié égale au vin, crue dans sa jeunesse, prenant de la vigueur avec les années, pour devenir le lait fortifiant du vieil homme.

~ Thomas Jefferson, auteur et homme d'État américain

Personne n'accepterait de vivre sans amis, eût-il par ailleurs tous les autres biens.

~ Aristote, philosophe grec

Un véritable ami, c'est celui qui entre chez vous alors que le reste du monde en sort.

~ Walter Winchell, chroniqueur de journal

Nul doute, j'ai mérité mes ennemis, mais je ne pense pas avoir mérité mes amis.

~ Walt Whitman, poète américain

La dignité et l'amour se mélangent mal, et ils ne peuvent vivre ensemble très longtemps.

~ Ovide, poète romain

L'amour est éternel ; son aspect peut changer, non son essence. Avant de tomber en amour, une personne pourrait être comparée à une lampe éteinte ; après être amoureuse, à une lampe qui brille. La lampe avait toujours été là, mais maintenant elle répand de la lumière, ce qui est sa véritable fonction. L'amour nous apaise au sujet de nombreuses choses, et ainsi nous rend plus aptes à accomplir notre travail.

~ Vincent van Gogh, peintre hollandais

3. Le rire et le bonheur

Au plus fort du rire, l'univers est lancé dans un kaléidoscope de nouvelles possibilités.

~ Jean Houston, psychologue et mythologue américain

Le rire est le plus sain des exercices.

~ Christoph Wilhelm Hufeland, physicien et écrivain allemand, XVIIIe siècle

De toute façon, c'est une bonne chose que de rire ; et si une paille peut chatouiller un homme, elle devient un instrument de bonheur.

~ John Dryden, poète anglais, XVIIe siècle

Une journée sans rire est une journée perdue.

~ e.e. cummings, poète américain

Étant donné qu'il se limite à l'espèce humaine, le rire est un des privilèges de la raison.

~ Thomas Carlyle, universitaire et écrivain écossais, XIXe siècle

Si votre santé ne s'améliore pas lorsque vous prenez des vitamines, essayez de rire davantage. Une journée sans rire est une journée perdue.

~ Nicolas-Sébastien Chamfort, écrivain et humoriste français, XVIIIe siècle

Dieu est un comédien jouant devant un auditoire trop effrayé pour rire.

~ Voltaire, écrivain français du Siècle des lumières

Une absence totale d'humour rend la vie impossible.

~ Colette, romancière française

Ris de toi avant tout, avant qu'un autre ne puisse le faire.

~ Elsa Maxwell, actrice mondaine et humoriste

Le rire favorise la distanciation. Il nous permet de prendre du recul par rapport à un événement, d'y faire face, puis de passer à autre chose.

~ Bob Newhart, comédien américain

Riez chaque fois que vous le pouvez. C'est un médicament peu coûteux.

~ Lord Byron, poète romantique anglais

Vous ne pouvez éconduire le rire ; lorsqu'il arrive, il s'installe sur votre chaise favorite et y demeure aussi longtemps qu'il le veut.

~ Stephen King, écrivain américain de série noire

Gardez-vous de trop rire, car cela émousse l'esprit et provoque l'oubli.

~ Le Talmud

Quelqu'un qui n'a pas le sens de l'humour ressemble à un wagon sans suspension, cahotant à chaque caillou sur la route.

~ Henry Ward Beecher, pasteur et réformateur protestant, XIXe siècle

Le rire est la plus courte distance entre deux personnes.

~ Victor Borge, acteur et comédien danois

Peut-être sais-je la raison pour laquelle l'homme est le seul à rire : il souffre si profondément qu'il a dû inventer le rire.

~ Friedrich Nietzsche, philosophe allemand, XIXe siècle

Quand l'homme pense, Dieu rit.

~ Proverbe juif

Tout homme qui une fois a ri de bon cœur et abondamment ne peut être qualifié d'irrémédiablement mauvais.

~ Thomas Carlyle, universitaire et écrivain écossais, XIXe siècle

À entendre certaines personnes dévotes, on pourrait penser que Dieu ne rit jamais.

~ Ghose Aurobindo, nationaliste et philosophe indien

Lorsqu'une porte donnant sur le bonheur se referme, une autre s'ouvre. Toutefois, nous regardons si souvent la porte close que nous ne voyons pas celle qui s'est ouverte pour nous.

~ Helen Keller, écrivaine et activiste pour la cause des handicapés

Le bonheur, c'est d'avoir une grande famille, unie, attentionnée et protectrice… dans une autre ville.

~ George Burns, comédien américain

On n'est jamais si heureux ni si malheureux qu'on s'imagine.

~ François duc de La Rochefoucauld, écrivain et auteur de mémoires français, XVIIe siècle

De temps à autre, il est bon de faire une pause dans notre quête du bonheur et d'être simplement heureux.

~ Guillaume Apollinaire, poète et critique français né en Italie

Agissez comme si vous étiez plus heureux que vous ne le sentez, et vous deviendrez plus heureux que vous ne l'êtes.

~ Fran Lebowitz, humoriste américain

La poursuite du bonheur est une expression des plus ridicules ; si vous poursuivez le bonheur, vous ne le trouverez jamais.

~ Charles Percy Snow, romancier et savant anglais

Le bonheur est un « comment », pas un « quoi » ; un talent, pas un objet.

~ Hermann Hesse, romancier allemand

Nous devons choisir l'illusion qui convient à notre nature et, si nous voulons être heureux, la saisir avec passion.

~ Cyril Connolly, écrivain anglais, XXe siècle

Le bonheur est un petit chien affectueux.

~ Charles Schulz, auteur de bandes dessinées américain

Le bonheur compense en intensité ce qu'il manque en durée.

~ Robert Frost, poète américain

Pendant la majorité de la vie, rien de merveilleux n'arrive. Si vous n'aimez pas vous lever, aller travailler, rentrer à la maison et vous asseoir pour partager un repas avec votre famille et vos amis, il est probable que vous ne serez jamais très heureux. Si quelqu'un associe son bonheur ou son malheur à des événements importants comme un nouvel emploi fabuleux, de l'argent en quantité, un mariage parfaitement heureux ou un voyage à Paris, la plupart du temps, cette personne ne sera pas heureuse. Si, d'un autre côté, le bonheur dépend d'un bon déjeuner, de fleurs dans la cour, d'une boisson ou d'une sieste, il est probable que nous vivrons beaucoup plus heureux.

~ Andy Rooney, écrivain et humoriste américain

Pour tout moment de triomphe, pour chaque instant de beauté, de nombreuses âmes doivent être piétinées.

~ Hunter S. Thompson, écrivain américain

Le bonheur repose sur tout ce qui excite, et la seule chose qui excite est le crime.

~ Marquis de Sade, écrivain français, XVIIIe siècle

Nous vivons tous avec l'objectif d'être heureux ; nos vies sont différentes et pourtant les mêmes.

~ Anne Frank, Juïve née en Allemagne, auteure d'un journal intime

Tôt ou tard, nous découvrons que le bonheur parfait n'existe pas, mais bien peu d'entre nous réfléchissent à l'antithèse : le malheur absolu est également inatteignable.

~ Primo Levi, écrivain et poète juif italien

Combien douces sont les eaux du monde – si nous devons mourir, nous les avons bues. Si nous devons pécher – ou nous séparer – si nous devons échouer ou réussir – nous avons goûté le bonheur – nous devons être inscrits dans le livre de ceux qui sont bénis. Nous avons obtenu ce que la vie pouvait donner, nous avons mangé à l'arbre de la connaissance, nous avons connu – nous avons été le mystère de l'univers.

~ John Jay Chapman, poète et critique américain

Le secret du bonheur est le suivant : élargissez le plus possible vos horizons, et faites en sorte que vos réactions aux choses et aux personnes qui vous intéressent soient beaucoup plus amicales qu'hostiles.

~ Bertrand Russell, philosophe britannique

Une fois que mon cœur a été séduit, j'ai mis ma raison à la porte, délibérément et avec une sorte de joie frénétique. J'ai tout accepté, j'ai tout cru, sans lutter, sans souffrir, sans regretter, sans fausse honte. Comment peut-on rougir de ce que l'on adore ?

~ George Sand, romancière française, XIXe siècle

Avez-vous déjà vu un cheval malheureux ? un oiseau qui broyait du noir ? La raison pour laquelle ces animaux ne sont pas malheureux, c'est qu'ils n'essaient pas d'impressionner les autres chevaux et les autres oiseaux.

~ Dale Carnegie, écrivain et conférencier motivateur

Le bonheur consiste à être celui que l'on souhaite être.

~ Érasme, écrivain et humaniste hollandais

Il y a neuf conditions nécessaires pour vivre heureux : assez de santé pour que le travail devienne un plaisir, assez d'argent pour subvenir à ses besoins, assez de force pour lutter contre les difficultés et les surmonter, assez de volonté pour confesser ses péchés et ne plus les commettre, assez de patience pour peiner jusqu'à l'obtention d'un bon résultat, assez de charité pour voir un peu de bien chez son prochain, assez d'amour pour se rendre utile et porter secours aux autres, assez de foi pour réaliser les desseins de Dieu et assez d'espérance pour faire disparaître de son cœur l'inquiétude et la crainte de l'avenir.

~ Johann Wolfgang von Goethe, poète et romancier allemand

Les anciens Égyptiens croyaient que, au moment de la mort, on leur poserait deux questions et que les réponses détermineraient s'ils pouvaient continuer leur voyage dans la vie après la mort. La première question était « Avez-vous apporté de la joie ? » La seconde, « Avez-vous trouvé de la joie ? »

~ Leo Buscaglia, auteur, éducateur et conférencier américain

Les meilleures choses sont à portée de ta main : l'air dans tes narines, la lumière dans tes yeux, les fleurs à tes pieds, les tâches à ta mesure, le chemin du bien ouvert devant toi. Ne cherche pas à attraper les étoiles, mais fais ton travail comme il se présente ; sois convaincu que les tâches journalières et le pain quotidien sont les choses les plus douces de la vie.

~ Robert Louis Stevenson, auteur écossais, XIXe siècle

Tout l'art de vivre repose sur la fine démarcation entre lâcher prise et s'accrocher.

~ Havelock Ellis, sexologue anglais

Trois ingrédients sont nécessaires pour réussir sa vie : apprendre, gagner et désirer.

~ Christopher Morley, romancier et essayiste américain

Lorsque vous êtes triste, examinez de nouveau votre cœur. Vous verrez qu'en vérité vous pleurez sur ce que furent vos délices.

~ Kahlil Gibran, poète et romancier né au Liban

Qui est sage ? Celui qui apprend de chacun. Qui est puissant ? Celui qui maîtrise ses passions. Qui est riche ? Celui qui est content de son sort. De qui s'agit-il ? De personne.

~ Benjamin Franklin, écrivain, savant et homme d'État américain

Le bonheur n'est rien de plus qu'une bonne santé assortie d'une mauvaise mémoire.

~ Albert Schweitzer, physicien et théologien allemand

Levez les yeux, riez fort, parlez de grandes choses, faites en sorte que vos joues demeurent colorées et vos yeux lumineux, soignez votre apparence, préservez votre santé, votre beauté et votre vivacité.

~ William Hazlitt, essayiste anglais, XVIIIe siècle

Un bol de riz à manger, de l'eau à boire et mon bras replié en guise d'oreiller, et me voilà heureux.

~ Confucius, philosophe chinois

Si votre quotidien vous paraît pauvre, ne l'accusez pas ; accusez-vous de ne pas être assez poète pour faire appel à ses richesses ; car pour celui qui sait créer, la pauvreté n'existe pas.

~ Rainer Maria Rilke, poète et essayiste allemande

Le bonheur est spirituel, il est le fruit de la Vérité et de l'Amour. Il est altruiste ; il ne peut donc exister seul et exige que toute l'humanité le partage.

~ Mary Baker Eddy, écrivaine et fondatrice de la Science chrétienne

La sagesse est la suprême condition du bonheur.

~ Sophocle, dramaturge grec

Pour atteindre le bonheur dans cette vie, il faut avoir quelque chose à faire, quelque chose à aimer et quelque chose à espérer.

~ Joseph Addison, essayiste anglais, XVIIe siècle

Connaître les autres relève de l'intelligence ; se connaître relève de la sagesse. Qui triomphe des autres est fort ; qui triomphe de lui-même possède la véritable force. Qui sait se contenter est riche.

~ Le Tao Te King

L'homme est la source de ce qu'il peut être de meilleur ou de ce qu'il peut réaliser de mieux. Plus il s'en approchera – plus il trouvera ses sources de plaisir en lui-même –, plus il sera heureux. Car toutes les autres sources de bonheur sont par nature des plus incertaines.

~ Arthur Schopenhauer, philosophe né en Pologne, XIXe siècle

Le bonheur est un art à pratiquer, comme le violon.

~ John Lubbock, anthropologue, biologiste et essayiste anglais, XIXe siècle

C'est le grand privilège des pauvres d'être heureux et pourtant non enviés, en sécurité sans la présence d'un garde, et d'obtenir de la généreuse nature ce que les grands et les riches doivent se procurer par l'art.

~ Samuel Johnson, lexicographe et critique, XVIIIe siècle

Que l'on ait foi dans une religion ou non, que l'on ait foi en une religion ou en une autre, nous cherchons tous à améliorer notre sort et je pense que les actes que nous posons dans notre vie sont orientés vers le bonheur.

~ Dalaï-lama, 14e chef spirituel du Tibet

Buvons, dansons, rions et reposons-nous,
Aimons, durant cette nuit exaltante,
Car demain nous serons morts !
(Mais, hélas, c'est ce que nous ne faisons jamais.)

~ Dorothy Parker, poète et humoriste américaine

4. L'âme et les visions de l'infini

Si j'ai quelque croyance en l'immortalité, c'est que certains des chiens que j'ai connus iront au ciel et très peu, mais très peu de personnes.

~ James Thurber, humoriste américain

Qu'est-ce que le mysticisme ? N'est-ce pas la tentative de s'approcher de Dieu, non par les rituels ou les cérémonies, mais par une disposition intérieure ? N'est-ce pas simplement un mot compliqué signifiant que « le royaume des cieux est à l'intérieur de soi » ? Le paradis n'est ni un lieu ni un espace de temps.

~ Florence Nightingale, infirmière née en Italie, XIXe siècle

Rien n'est nouveau. Tous les hommes le savent dans ces rares moments où l'âme se désenivre, et cesse son bavardage, ses protestations et son insistance à propos de telle ou telle formule. Dans le silence de nos théories, nous semblons alors écouter, et entendre quelque chose comme la vitalité du battement de l'être ; et il se révèle que la simple transformation du caractère, la volonté muette de servir cet univers valent plus que toutes les théories réunies.

~ William James, philosophe américain, XIXe siècle

Réfléchis. Dans notre ascension,
Les anges nous presseront, et chercheront
À laisser tomber quelque orbe d'or d'un chant parfait
Dans notre profond et cher silence.

~ Elizabeth Barrett Browning, poète anglaise, XIXe siècle

Heureusement, l'âme dispose d'un interprète — souvent inconscient, mais toujours fidèle interprète — qu'est l'œil.

~ Charlotte Bronte, romancière anglaise, XIXe siècle

Oh que ne puis-je joindre le chœur invisible
De ces morts immortels qui vivent encore une fois
Dans les esprits enrichis de leur présence.

~ George Eliot, romancier anglais, XIXᵉ siècle

L'âme devrait toujours demeurer entrebâillée, prête à accueillir l'expérience extatique.

~ Emily Dickinson, poète américaine

J'ai pris une profonde respiration et écouté le bon vieux cri de mon cœur. Je suis. Je suis. Je suis.

~ Sylvia Plath, poète américaine

Les miracles de l'Église ne me semblent pas reposer tant sur les visages, les voix ou le pouvoir de guérison qui nous arrivent soudainement de très loin, mais plutôt sur nos perceptions qui se raffinent, de manière que, l'espace d'un instant, nos yeux peuvent voir et nos oreilles entendre ce qui nous concerne et qui a toujours été là.

~ Willa Cather, romancière américaine, XIXᵉ siècle

Le plus beau des systèmes [l'univers] ne peut qu'être la création d'un Être intelligent et puissant.

~ Isaac Newton, physicien, XVIIe siècle

Pourquoi ne pas permettre aux gens de donner des réponses diversifiées aux grands mystères de l'Univers ? Que chacun cherche sa propre voie vers les plus hautes sphères, son propre sens de la loyauté suprême dans la vie, son propre idéal de vie. Laissons chaque philosophie, chaque vision du monde apporter sa vérité et sa beauté à une perspective plus large afin que les gens puissent croître en vision, en stature et en dévouement.

~ Algernon Black, romancier occulte anglais

Dieu n'existe pas.
Peu importe.
L'homme suffit.

~ Edna St. Vincent Millay, poète américaine

Tout doit venir à l'âme du sol où elle a planté ses racines. L'arbre qui est près d'un cours d'eau est plus vert et porte plus de fruits.

~ Thérèse d'Avila, sainte et mystique espagnole, XVIe siècle

Il m'apparaît impossible que je cesse d'exister, ou que cet esprit actif, insatiable, également ouvert à la joie et à la tristesse, ne devienne que poussière organisée — prête à s'envoler dès que se rompra le ressort ou que s'éteindra l'étincelle qui préservait son intégrité. Il y a certainement quelque chose d'impérissable dans ce cœur — et la vie est davantage qu'un rêve.

~ Mary Wollstonecraft, essayiste et féministe, XVIIIe siècle

Seul l'homme sait qu'il est voué à la mort ; mais, en un sens, cette connaissance l'élève au-dessus de son état de mortel, car elle lui permet de partager une vision de la vérité éternelle. Il devient le spectateur de sa propre tragédie ; il sympathise tellement avec la violence de la tempête qu'il ne peut plus entendre le marin naufragé, bien que le marin soit sa propre âme. C'est une cruelle vérité, mais il est possible de l'aimer, et elle libère ceux qui l'ont aimée.

~ George Santayana, philosophe et critique américain né en Espagne

Rendez la beauté, rendez-la à Dieu, beauté suprême et source de toute beauté.

~ Gerald Manley Hopkins, poète religieux anglais, XIXe siècle

La naissance n'est qu'un sommeil et qu'un oubli,
Et l'âme qui se lève avec nous, cette étoile
De notre vie, a eu quelque part son coucher,
Et revient de loin ;
Mais ce n'est pas dans un total oubli,
Ni dans la nudité.
Mais c'est avec des traînées de nuages de gloire
Que nous venons de Dieu, notre demeure.
Le ciel est tout autour de nous dans notre enfance.

~ William Wordsworth, poète romantique anglais

Vous êtes la musique tant et aussi longtemps qu'elle joue.

~ T.S. Eliot, poète né en Amérique

En elle-même, la majesté divine dépasse la capacité de la compréhension humaine, qui ne peut en saisir l'essence… Nous devons adorer sa noblesse plutôt que de l'étudier, afin de ne pas demeurer submergé par une si exceptionnelle splendeur.

~ John Calvin, réformiste protestant, XVIe siècle

On devrait toujours porter ses bottes et ses éperons, et être prêt à partir.

~ Michel de Montaigne, essayiste français, XVIe siècle

Ils disent que Dieu est partout, et pourtant nous pensons toujours à Lui comme s'il vivait en reclus.

~ Emily Dickinson, poète américaine

Nous trouverons la paix. Nous entendrons les anges. Nous verrons le ciel scintiller de diamants.

~ Anton Chekhov, dramaturge et nouvelliste russe

Pour celui qui vit dans le présent, la mort n'existe pas. La mort n'est pas un événement de la vie. La mort ne peut être vécue.

~ Ludwig Wittgenstein, philosophe autrichien

Dieu ne permettrait pas que l'homme connaisse l'avenir ; car s'il avait la prescience de sa prospérité, il serait insouciant ; et s'il connaissait son adversité, il serait désespéré et inanimé.

~ Saint Augustin d'Hippone, père de l'Église, IVe siècle

Pour les aimer, on doit connaître les êtres humains, mais on doit aimer les êtres divins pour les connaître.

~ Blaise Pascal, mathématicien et théologien français, XVIIe siècle

Voici ma simple religion. On n'a ni de temples ni philosophie compliquée. Notre esprit et notre cœur sont notre temple ; la bonté est notre philosophie.

~ Dalaï-lama, 14e chef spirituel du Tibet

Après un court sommeil, c'est l'éveil éternel,
La mort ne sera plus ;
Ô Mort, tu dois mourir !

~ John Donne, poète métaphysique, XVIe siècle

Les anges jouent de leur trompette toute la journée,
La terre entière, en mouvement, semble défiler devant eux.
Mais quelqu'un écoute-t-il la musique qu'ils jouent,
Quelqu'un essaie-t-il seulement ?

~ Bob Dylan, auteur-compositeur-interprète américain

Les dieux sont comme des étrangers et, sous divers déguisements, ils vont de ville en ville pour observer les vertus et les vices des hommes.

~ Homère, poète grec

Que chaque aurore soit pour vous le commencement de la vie, et que chaque coucher de soleil en soit l'aboutissement.

~ John Ruskin, écrivain et critique d'art anglais, XIXe siècle

La lumière que tu répands
Ne provient pas d'un ventre
Tes traits n'ont pas commencé par une semence.
N'essaie pas de dissimuler dans la colère
L'éclat qui ne peut être caché.

~ Rumi, poète persan, XIIIe siècle

Le ciel doit être un endroit très triste si les pauvres d'esprit y habitent.

~ Emma Goldman, anarchiste et activiste lithuanienne

Dans le silence, l'âme voit plus clairement le chemin à suivre, et ce qui était insaisissable et incompréhensible devient d'une limpidité cristalline.

~ Mohandas Gandhi, homme d'État indien

Ma religion consiste en une humble admiration de l'Esprit supérieur infini qui se révèle dans les menus détails que nous pouvons percevoir à l'aide de nos faibles et fragiles esprits.

~ Albert Einstein, physicien américain né en Allemagne

Pour moi, le paradis serait une vaste arène de taureau où j'occuperais deux places de choix, une rivière à truites entourant cette arène où personne d'autre n'aurait le droit de pêche et deux jolies maisons à la ville ; l'une où je serais monogame et qui abriterait ma femme et mes enfants que j'aimerais sincèrement et fidèlement, l'autre où j'aurais mes neuf ravissantes maîtresses, chacune occupant l'un des neuf étages. Dans l'une des maisons, on trouverait dans chacune des salles de bain des étages des tirages spéciaux du *Dial* imprimés sur du papier soyeux, et dans l'autre nous utiliserions l'*American Mercury* et la *New Republic* comme papier hygiénique. De plus, il y aurait une belle église, comme à Pampelune, où je pourrais aller me confesser en allant d'une maison à l'autre ; j'enfourcherais mon cheval pour aller avec mon fils sur la piste de l'Hacienda Hadley et je lancerais des pièces de monnaie à tous mes enfants illégitimes habitant le long de la route. J'écrirais à l'Hacienda et j'enverrais mon fils verrouiller les ceintures de chasteté de mes maîtresses parce que quelqu'un viendrait tout juste d'arriver au galop pour m'annoncer qu'un monogame notoire nommé Fitzgerald avait été vu chevauchant vers la ville à la tête d'une compagnie de buveurs incorrigibles.

~ Ernest Hemingway, romancier américain

Car j'ai l'assurance que ni la mort ni la vie, ni les anges ni les dominations, ni les choses présentes ni les choses à venir, ni les puissances, ni la hauteur, ni la profondeur, ni aucune autre créature ne pourra nous séparer de l'amour de Dieu manifesté en Jésus-Christ notre Seigneur.

~ Épître aux Romains, 8:38, 39

Des millions de gens recherchent l'immortalité, mais ne savent que faire de leur temps par un dimanche après-midi pluvieux.

~ Susan Ertz, romancière anglaise née en Amérique

Je suis comme une étoile filante ayant finalement trouvé sa place près d'une autre étoile dans une charmante constellation, où nous brillerons pour l'éternité au firmament.

~ Amy Tan, romancière américaine

Le ciel est si loin de l'esprit
Que là où l'esprit se dissout –
Le lieu ne pourra jamais
Être reconnu par l'Architecte
Aussi vaste – comme notre capacité –
Que beau – comme notre idée –
Pour celui qui désire comme il faut
Il n'est pas plus loin, il est ici –

~ Emily Dickinson, poète américaine

Nous ne croyons pas en l'immortalité parce que nous pouvons prouver qu'elle existe, mais nous essayons de prouver qu'elle existe parce que nous ne pouvons nous empêcher d'y croire.

~ Harriet Martineau, romancière et journaliste anglaise, XIXe siècle

L'immortalité, c'est mourir en étant aspiré
Comme si un homme était rapidement emmené au ciel.

~ George Chapman, poète et dramaturge, XVIe siècle

Celui qui voit la Super-Âme qui accompagne l'âme individuelle dans chaque corps, et qui comprend que ni l'une ni l'autre de ces âmes ne sera jamais détruite, alors celui-là voit.

~ Le Bhagavad Gitâ

Je ne peux accéder à l'essence même de la vie, mon unique personnalité, avant de découvrir la spiritualité des autres. Je suis mort au point de vue spirituel si je ne réussis pas à toucher les vertus spirituelles qui sommeillent chez les autres. C'est seulement à l'aide du dieu présent dans le sanctuaire le plus intime de l'autre que le dieu caché en moi acceptera de se manifester.

~ Felix Adler, éducateur, critique social et fondateur de la New York Society for Ethical Culture, XIXe siècle

Seuls les barbares ne se demandent pas d'où ils viennent, pourquoi ils en sont rendus là, dans quelle direction ils semblent se diriger, s'ils veulent avancer et, si oui, pourquoi, et si non, pourquoi pas.

~ Isaiah Berlin, philosophe britannique

C'est vrai ; c'est certain ; l'homme bien que mort retient
Une partie de lui-même ; l'esprit immortel demeure.

~ Homère, poète grec

Une âme n'est que la dernière bulle d'une longue fermentation dans ce monde.

~ George Santayana, philosophe et critique américain né en Espagne

Beth ne pouvait comprendre ou expliquer la foi qui lui avait donné le courage et la patience de renoncer à la vie, et d'attendre joyeusement la mort. Comme une enfant en confiance, elle n'a pas posé de questions, mais a tout remis entre les mains de Dieu et de la nature, le Père et la Mère de nous tous, en étant assurée qu'eux, et qu'eux seuls, pouvaient guider et renforcer son cœur et son esprit dans cette vie et dans la vie à venir.

~ Louisa May Alcott, romancière américaine, XIXe siècle

5. L'espoir et la foi

L'espoir est une bête à plumes
Qui se perche sur l'âme
Et qui chante un air sans paroles
Sans jamais ne s'arrêter.

~ Emily Dickinson, poète américaine

Un rêve est porteur d'une nouvelle possibilité, d'un horizon élargi, d'un espoir extraordinaire.

~ Howard Thurman, éducateur américain et défenseur des droits civiques

Le monde n'est pas encore épuisé ; laissez-moi voir demain quelque chose que je n'ai jamais vu.

~ Samuel Johnson, lexicographe et critique, XVIIIe siècle

Je ne crains pas demain, car j'ai vu hier et j'adore aujourd'hui.

~ William Allen White, journaliste américain et ardent défenseur de la liberté d'expression

L'espoir est le pire des maux puisqu'il prolonge les tourments des hommes.

~ Friedrich Nietzsche, philosophe allemand, XIXe siècle

Oui, j'ai douté. Je me suis éloignée du chemin. Je me suis perdue. Mais je suis toujours revenue. Contre toute logique, de façon intuitive ou par un sens inné de la direction, je trouve toujours mon chemin vers la maison. Ma foi a vacillé, mais elle m'a sauvée.

~ Helen Hayes, actrice de théâtre et de cinéma américaine

Sans risque, la foi est impossible. La foi est précisément la contradiction entre la passion infinie de l'intériorité individuelle et l'incertitude objective.

~ Soren Kierkegaard, philosophe et théologien danois, XIXe siècle

Le doute fait partie de toute religion. Tous les penseurs religieux étaient sceptiques.

~ Isaac Bashevis Singer, écrivain né en Pologne

Vivez dans l'imaginaire, non dans vos souvenirs.

~ Les Brown, chef d'orchestre et auteur-compositeur américain

Parfois, notre destin ressemble à un arbre fruitier en hiver. Qui penserait que ces branches reverdiront et fleuriront, mais nous l'espérons, nous le savons.

~ Johann Wolfgang von Goethe, poète et romancier allemand

Pas un hiver ne dure éternellement ; pas un printemps ne passe son tour.

~ Hal Borland, chroniqueur et rédacteur de la nature américain

Maintenant, Dieu soit loué, qu'aux âmes croyantes
Il donne la lumière dans l'obscurité, le confort dans le désespoir !

~ William Shakespeare, dramaturge et poète anglais

Toutes les choses sont instables sauf la foi de l'âme qui, elle, transforme toutes choses et illumine leur inconstance ; et même si je semble être chassé de mon pays comme un infidèle, je n'ai pourtant encore découvert aucun homme doté d'une foi comme la mienne.

~ James Joyce, romancier irlandais

Il m'est parfois arrivé de croire jusqu'à six choses impossibles avant le petit-déjeuner.

~ Lewis Carroll, mathématicien anglais et écrivain pour enfants, XIXe siècle

Prenez en considération non seulement vos peurs, mais aussi vos espoirs et vos rêves. Ne pensez pas à vos frustrations, mais plutôt à votre potentiel non réalisé. Ne vous préoccupez pas de ce que vous avez essayé et échoué, mais de ce qu'il est encore possible pour vous d'accomplir.

~ Pape Jean XXIII

La foi ressemble à un radar qui voit à travers le brouillard — la réalité des choses à une distance que l'œil de l'homme ne peut voir.

~ Corrie ten Boom, écrivain et membre du Dutch Underground for Jewish Refugees

Un jardin est l'évidence de la foi. Il nous lie à de mystérieux personnages du passé, qui eux aussi ont semé et se sont nourris des fruits récoltés.

~ Gladys Taber, romancier et nouvelliste américain

Chaque lendemain est à l'image d'une urne à deux anses. Nous pouvons l'agripper par la poignée de l'anxiété ou par celle de la foi.

~ Henry Ward Beecher, pasteur et réformateur protestant, XIXe siècle

Le premier pas vers la foi consiste à monter la première marche ; vous n'avez pas à voir tout l'escalier.

~ Martin Luther King jr, ministre baptiste et défenseur des droits civiques

N'a pas la foi celui qui dit adieu lorsque la route s'obscurcit.

~ J.R.R. Tolkien, écrivain et universitaire britannique

La foi défie l'âme de dépasser les limites qu'elle peut voir.

~ William Newton Clarke, éducateur et philosophe religieux américain, XIXe siècle

Je suis un idéaliste. Je ne sais pas où je vais, mais j'y vais.

~ Carl Sandburg, poète américain

L'espoir désintéressé, comme l'amour inconditionnel, est la seule forme qu'il importe d'avoir.

~ John Perry Barlow, poète américain et activiste sur Internet

Il y a toujours des fleurs pour ceux qui veulent les voir.

~ Henri Matisse, peintre français

Regarde toujours dans la direction du soleil et les ombres seront derrière toi.

~ Proverbe maori

Car il est un avenir, et ton espérance ne sera pas anéantie.

~ Proverbes, 23:18

Un pessimiste ne voit que le côté sombre des nuages, et broie du noir ; un philosophe voit les deux côtés, et hausse les épaules ; un optimiste ne voit pas du tout les nuages, il marche sur eux.

~ Leonard Louis Levinson, écrivain et humoriste américain

L'idéalisme croît en proportion directe de la distance qui nous sépare du problème.

~ John Galsworthy, romancier anglais

Un optimiste est un homme qui n'a jamais vécu beaucoup d'expériences.

~ Don Marquis, humoriste et chroniqueur de journaux américain

Si vous êtes ici avec nous dénué de foi
Vous causez un terrible dommage.
Si vous avez ouvert votre cœur à l'amour de Dieu
Vous aidez les gens que vous ne connaissez pas
Et que vous n'avez jamais vus.
Est-ce que ce que je dis est vrai ? Dites oui rapidement,
Si vous le savez, si vous le saviez
Avant même le début de l'univers.

~ Rumi, poète perse, XIIIe siècle

Aussi longtemps qu'il se trouvera un homme droit, qu'il existera une femme compatissante, la contagion pourra se répandre et le paysage ne sera pas désolant. Dans l'adversité, l'espoir est tout ce qu'il nous reste. Je me lèverai dimanche matin et je remonterai l'horloge, ma contribution à l'ordre et à la détermination.

~ E.B. White, écrivain et éditeur américain

Le doute est un état mental désagréable, mais la certitude est ridicule.

~ Voltaire, écrivain françaixs du Siècle des lumières

Celui qui perd de l'argent perd beaucoup ; celui qui perd un ami perd beaucoup plus ; celui qui perd la foi, perd tout.

~ Eleanor Roosevelt, activiste et première dame américaine

L'espoir est en lui-même une forme du bonheur et, peut-être, le plus grand bonheur dont dispose le monde.

~ Samuel Johnson, lexicographe et critique, XVIIIe siècle

Prenez surtout le bouclier de la foi, il vous permettra d'éteindre tous les projectiles enflammés du Malin.

~ Éphésiens, 6:16

La foi ne consiste pas à faire le jour des bruits à consonance religieuse. C'est poser la nuit des questions à votre moi le plus secret – puis vous lever et aller travailler.

~ Mary Jean Irion, écrivaine et éducatrice américaine

L'optimisme est la voie du succès. Rien de grand ne se fait sans espoir ni confiance.

~ Helen Keller, écrivaine et activiste pour la cause des handicapés

L'espoir commence dans l'obscurité, l'espoir tenace que si vous ne faites que vous manifester et essayer de faire ce qu'il faut, l'aube surviendra. Vous attendez et vous observez et vous travaillez. Vous n'abandonnez pas.

~ Anne Lamott, écrivaine américaine

L'espoir est le pilier qui soutient le monde. L'espoir est le rêve d'un homme qui s'éveille.

~ Pliny l'Ancien, naturaliste romain, Ier siècle

On a autant besoin de la foi que du doute — non comme des antagonistes, mais pour qu'ils travaillent de concert pour nous guider au-delà de la courbe inconnue.

~ Lillian Smith, romancière et activiste antiraciste américaine

La foi ne consiste pas à essayer de croire quelque chose en l'absence d'une preuve. La foi, c'est d'oser faire quelque chose en dépit des conséquences.

~ Sherwood Eddy, leader de la jeunesse et activiste du YMCA

Si on commence avec des certitudes, on finit avec des doutes. Si on commence avec des doutes, on finit avec des certitudes.

~ Francis Bacon, essayiste et homme d'État anglais, XVIe siècle

DEUXIÈME PARTIE

Le corps

* * *

Il existe peu de joies aussi grandes que l'acte de digérer entièrement un bon repas ; quel meilleur endroit pour contempler cet état de fait sinon dans la toilette ? Des intestins en santé rendent un homme heureux, et les citations de cette partie offrent quelques réflexions sur la santé, le vieillissement, la mort et la décrépitude du corps, la nature, la gloutonnerie et le vice. Des écrivains et penseurs comme Gerard Manley Hopkins, Ambrose Bierce, Orson Welles, John Muir, Henry David Thoreau, Zora Neale Hurston, Benjamin Disraeli, Rumi et Booker T. Washington ont aussi réfléchi à des concepts liés à la salle de bain comme la détente, l'ennui, le labeur physique, les horloges, le déjeuner, le ventre, les délices du monde naturel et le plaisir de la bouteille.

6. Le temps et la vieillesse

Le temps décline. Le temps qui était si long
Raccourcit, le temps, avec ses yeux globuleux,
Agitant ses jupes, chantant ses chansons d'amour mélancoliques,
Emportant les gars dans un vent de folie,
Cette mère nazie avec sa bière et sa choucroute
Le temps, ma vieille amie, s'évanouira bientôt.

~ Anne Sexton, poète américaine

Pour leurrer le monde, ressemble au temps.
Fais en sorte que ton œil, ta main, ta langue
Soient accueillants ; ressemble à l'innocente fleur
Mais sois le serpent qu'elle cache.

~ William Shakespeare, dramaturge et poète anglais

Le temps est la substance dont je suis fait. Le temps est un fleuve qui m'entraîne, mais je suis ce fleuve ; c'est un tigre qui m'engloutit, mais je suis ce tigre ; c'est un feu qui me consume, mais je suis ce feu.

~ Jorge Luis Borges, écrivain et poète argentin

Rien de grand ne se fait tout d'un coup, puisque ni même le raisin, ni même la figue ne naissent subitement. Si tu me dis à présent : « Je veux une figue », je te répondrai : « Il faut du temps ; laisse d'abord le figuier fleurir, puis naître le fruit, enfin laisse-le mûrir. »

~ Épictète, stoïcien et philosophe romain, IIe siècle

Le temps reste assez longtemps pour quiconque souhaite en user.

~ Leonardo da Vinci, peintre, sculpteur et inventeur, XVe siècle

Le temps est le denier de la vie. C'est notre seul denier et nous seuls pouvons décider de son emploi. Veillez à ce qu'autrui ne le dépense pas pour vous.

~ Carl Sandburg, poète américain

Puisque le temps n'est pas une personne que nous pouvons rattraper après son départ, honorons-le avec hilarité et gaieté de cœur lors de son passage.

~ Johann Wolfgang von Goethe, poète et romancier allemand

Ce n'est que si nous connaissons le chemin qui a conduit au présent que nous pouvons dessiner clairement et sagement notre avenir.

~ Adlai Stevenson, politicien et vice-président américain

On ne peut prédire le rythme de la progression du temps, s'il est laissé à lui-même et qu'on ne lui demande rien. Habituellement, il flâne de-ci de-là ; mais juste au moment où on en est venu à compter sur sa lenteur, il peut soudainement se transformer en un irrationnel et sauvage galop.

~ Edith Wharton, romancière américaine, XIXe siècle

J'ai gaspillé le temps, et maintenant le temps perdu me détruit.

~ William Shakespeare, dramaturge et poète anglais

Profitez de votre après-midi, car il ne reviendra point.

~ Annie Dillard, essayiste américaine

Le temps réduit les choses en poussière ; tout vieillit sous l'œuvre du temps et sombre dans l'oubli sur son passage.

~ Aristote, philosophe grec

Asseyez-vous auprès d'une jolie fille durant deux heures et ça semble durer deux minutes. Asseyez-vous sur un poêle chaud deux minutes et ça semble durer deux heures. C'est ça la relativité.

~ Albert Einstein, physicien américain né en Allemagne

Quel âge aurais-tu si tu ne connaissais pas ton âge ?

~ Satchel Paige, lanceur de baseball

Le temps n'est rien d'autre que le ruisseau où je vais pêcher. Pendant que je m'y abreuve, je vois le fond sablonneux et je découvre à quel point il est peu profond. Son léger courant s'éloigne doucement, mais l'éternité demeure.

~ Henry David Thoreau, poète et écrivain transcendantaliste

L'éternité n'est qu'un moment, juste assez long pour une plaisanterie.

~ Hermann Hesse, romancier allemand

Le grand maréchal français Lyautey a un jour demandé à son jardinier de planter un arbre. Le jardinier a objecté qu'un arbre ne pousse pas rapidement et qu'il ne parviendra pas à maturité avant cent ans. Le maréchal lui a répondu : « Dans ce cas, il n'y a pas de temps à perdre ; plantez-le cet après-midi ! »

~ John F. Kennedy, président et politicien américain

Il y a moins de vie que de temps.

~ Proverbe mexicain

La vieillesse n'est pas un lieu pour les poules mouillées.

~ Bette Davis, actrice américaine

La jeunesse, à qui l'on pardonne tout, ne se pardonne rien ; la vieillesse, qui se pardonne tout, n'obtient aucun pardon.

~ George Bernard Shaw, dramaturge et essayiste irlandais

Quand j'étais jeune, j'ai été étonné d'entendre la déclaration de Plutarque selon laquelle Cato l'Ancien avait commencé à apprendre le grec à l'âge de quatre-vingts ans. Je ne suis plus étonné. La vieillesse est prête à entreprendre des tâches que la jeunesse esquive parce qu'elles prendraient trop de temps.

~ W. Somerset Maugham, romancier et dramaturge né en France

Hier n'est plus. Demain n'est pas encore. Nous n'avons qu'aujourd'hui. Mettons-nous à l'œuvre.

~ Mère Teresa, religieuse et missionnaire catholique romaine

Temps : ce que les hommes essaient toujours de tuer, mais qui finit par les tuer.

~ Herbert Spencer, biologiste et philosophe, XIXe siècle

Mais dans mon dos, j'entends toujours
Le char ailé du temps qui me talonne ;
Et devant nous s'étendent
Les déserts de l'incommensurable éternité.

~ Andrew Marvell, poète anglais, XVIIe siècle

Car l'âge offre des possibilités non moindres
Que la jeunesse, mais vêtues d'une autre robe,
Et alors que le crépuscule s'efface,
Le ciel s'emplit d'étoiles invisibles durant le jour.

~ Henry Wadsworth Longfellow, poète américain, XIXe siècle

Avance en âge avec moi !
Le meilleur est encore à venir.
La fin de notre vie, raison pour laquelle nous avons vieilli ensemble.

~ Robert Browning, poète anglais, XIXe siècle

Celui qui possède une nature calmc et heureuse ressentira bien peu le poids de la vieillesse, mais pour celui qui présente un caractère opposé, la jeunesse et la vieillesse sont toutes deux un fardeau.

~ Platon, philosophe grec

Je dois gouverner le temps, non être gouvernée par lui.

~ Golda Meir, premier ministre d'Israël

Temps, temps, temps, vois ce qu'il advient de moi ;
Pendant que je regardais alentour pour découvrir mes possibilités,
J'étais si difficile à contenter.

~ Paul Simon, auteur-compositeur-interprète américain

Il n'y a rien comme revenir à un endroit qui demeure inchangé pour découvrir en quoi votre propre nature a été altérée.

~ Nelson Mandela, homme d'État et président sud-africain

Je ne m'inquiète jamais de l'avenir. Il arrive bien assez tôt.

~ Albert Einstein, physicien américain né en Allemagne

Ce qui ne peut être soigné doit être enduré.

~ Proverbe anglais

La vraie générosité envers l'avenir consiste à tout donner au présent.

~ Albert Camus, romancier, dramaturge et essayiste français

Que chacun examine ses pensées. Il les trouvera soit préoccupées par le passé ou l'avenir. Nous ne pensons que très peu au présent et, si nous y pensons, ce n'est que pour avoir un éclairage pour réguler l'avenir. Le présent n'est jamais notre objet de réflexion. Le passé et le présent sont des moyens ; seul l'avenir est notre fin. Ainsi, nous ne vivons jamais, mais espérons vivre.

~ Blaise Pascal, mathématicien et théologien français, XVIIe siècle

La mer ne récompense jamais ceux qui sont trop anxieux, trop avides ou trop impatients. Les chercheurs de trésors marins démontrent non seulement une avidité et une impatience, mais aussi une absence de foi. Patience, patience, patience, voilà ce qu'enseigne la mer. La patience et la foi. Il faut, à l'image d'une plage, demeurer calme, ouvert, sans attentes et espérer que la mer nous offre ses présents.

~ Anne Morrow Lindberg, écrivaine

Je pense que toute votre vie est dessinée sur votre visage et vous devriez en être fier.

~ Lauren Bacall, actrice de cinéma américaine

La vie est une pièce de théâtre assez moyenne dont l'écriture du troisième acte a été bâclée.

~ Truman Capote, romancier américain

Une femme est toujours plus jeune qu'un homme du même âge.

~ Elizabeth Barrett Browning, poète anglaise, XIXe *siècle*

Une vieillesse confortable est la récompense d'une jeunesse bien vécue. Au lieu d'offrir des perspectives tristes et mélancoliques de déclin, elle nous donnerait l'espoir d'une éternelle jeunesse dans un monde meilleur.

~ Maurice Chevalier, acteur de vaudeville français

La vieillesse, croyez-moi, est chose bonne et agréable. Il est vrai que vous êtes gentiment écarté de la scène, mais on vous offre un confortable fauteuil d'orchestre pour voir le spectacle.

~ Confucius, philosophe chinois

La jeunesse est le meilleur moment pour être riche, et le meilleur moment pour être pauvre.

~ Euripide, dramaturge et tragédien grec

Ce fut l'un des moments les plus dévastateurs et plus difficiles de ma vie de constater que je n'étais plus un jeune homme. À partir de cet instant, j'ai commencé à vieillir dans ma propre estime — et dans mon estime, l'âge est inestimable.

~ Anatole France, écrivain français, XIXe siècle

La vieillesse ajoute au respect dû à la vertu, mais n'enlève rien au mépris inspiré par le vice ; elle blanchit simplement les cheveux.

~ Ira Gershwin, compositrice américaine

Lorsqu'une vie noble a préparé la vieillesse, ce n'est pas le déclin qu'elle révèle, mais les premiers jours de l'immortalité.

~ Muriel Spark, romancière britannique

Le temps est le seul capital que l'être humain possède, et la seule chose qu'il ne peut se permettre de perdre.

~ Thomas Edison, inventeur américain

La meilleure utilisation que l'on puisse faire de sa vie, c'est de la consacrer à quelque chose qui lui survivra.

~ William James, philosophe américain du XIXe siècle

Même s'ils essaient de savourer le goût de l'éternité, leurs pensées continuent à s'emmêler dans le flux et le reflux des choses des temps passés et futurs. Mais si seulement leurs esprits pouvaient être saisis et tenus fermement, ils demeureraient encore immobiles un moment et, pendant ce court instant, ils entreverraient la splendeur de l'éternité, qui est pour toujours immuable.

~ Saint Augustin d'Hippone, père de l'Église, IVe siècle

Le calendrier est une ignominie pour le sage, une horreur pour l'astronome et une véritable farce pour le mathématicien.

~ Roger Bacon, scientiste et philosophe, XIIIe siècle

La chose éternelle, qui ne se repose jamais et qu'on appelle le temps, déferlante, impétueuse, rapide, silencieuse, comme la marée d'un océan qui embrasse tout… constitue littéralement un miracle ; de quoi nous rendre muets.

~ Thomas Carlyle, universitaire et écrivain écossais, XIXe siècle

Le temps est trop lent pour ceux qui attendent,
Trop rapide pour ceux qui ont peur,
Trop long pour ceux qui sont tristes,
Trop court pour ceux qui se réjouissent ;
Mais pour ceux qui aiment,
Le temps est Éternité.

~ Henry Jackson van Dyke, presbytérien et écrivain américain, XIXe siècle

Aussi longtemps que les fleuves retourneront à la mer, ou que les ombres toucheront les versants des montagnes, ou que les étoiles effleureront la voûte céleste, aussi longtemps dureront votre honneur, votre nom, vos éloges.

~ Virgile, poète latin, Ier siècle avant J.-C.

Le temps est un cruel voleur qui nous dépouille de notre ancien moi. Nous perdons autant dans la vie que dans la mort.

~ Elizabeth Forsythe Hailey, écrivaine féministe américaine

On a tort de croire que la vieillesse est une pente de décroissement, c'est le contraire : on monte et avec des enjambées surprenantes.

~ George Sand, romancière française, XIXe siècle

Le temps révèle tout : c'est un bavard qui parle sans être interrogé.

~ Euripide, dramaturge et tragédien grec

Ne vivez ni dans le passé ni dans le futur, mais laissez chaque jour de travail absorber toutes vos énergies, et satisfaire vos plus grandes ambitions.

~ William Ostler, physicien canadien, XIXe siècle

Ne contemplez pas le passé avec tristesse. Jamais il ne reviendra. Améliorez sagement le présent. Il est vôtre. Allez à la rencontre de l'obscur avenir, sans crainte.

~ Henry Wadsworth Longfellow, poète américain, XIXe siècle

7. La table et la santé

La santé est le paradis convoité.

~ John Keats, poète anglais, XIXe siècle

Si Dieu permet à l'homme d'être malade, la maladie doit être bonne, et la santé, son opposé, doit être mauvaise, car tout ce qu'Il fait est bon et éternel. Si la transgression des lois de Dieu cause la maladie, il est bien d'être malade ; et nous ne pourrions pas si nous voulions, et ne devrions pas si nous le pouvions, abroger les décrets de sagesse.

~ Mary Baker Eddy, écrivaine et fondatrice de la Science chrétienne

Le bonheur que les hommes désirent et souhaitent de tous leurs vœux vient de la santé de l'esprit.

~ Eschyle, dramaturge et tragédien grec

La santé, l'apprentissage et la vertu assureront votre bonheur ; vous en retirerez une conscience paisible, l'estime de vos proches et les honneurs publics.

~ Thomas Jefferson, auteur et homme d'État américain

La santé se mesure à l'amour du matin et du printemps. Si le réveil de la nature vous laisse froid – si la perspective d'une promenade tôt le matin ne chasse pas le sommeil, si le gazouillis du premier merle bleu ne vous enivre pas – sachez que le matin et le printemps de votre vie sont choses du passé. Dès lors, puissiez-vous sentir votre pouls.

~ Henry David Thoreau, poète et écrivain transcendantaliste

Préserver sa santé est un devoir. Peu de gens semblent être conscients qu'il existe une chose qui se nomme la moralité du corps.

~ Herbert Spencer, biologiste et philosophe, XIXe siècle

Ce qui indique avec le plus de vérité le caractère d'un homme, c'est la santé de sa femme.

~ Cyril Connolly, écrivain anglais, XXe siècle

L'homme a besoin de difficultés ; elles sont nécessaires à la santé.

~ Carl Jung, psychiatre suisse

Ne vous croyez pas en santé. La santé serait l'immortalité ; cette vie n'est qu'une longue maladie.

~ Saint Augustin d'Hippone, père de l'Église, IVe siècle

Être en santé consiste à avoir les mêmes maladies que ses voisins.

~ Quentin Crisp, écrivain et artiste né en Angleterre

Cessez de vous en faire avec votre santé, elle partira d'elle-même.

~ Robert Orben, écrivain et éditeur américain

Les maniaques de la santé se sentiront stupides un de ces jours, couchés sur un lit d'hôpital en cherchant la cause de leur mort prochaine.

~ Redd Foxx, comédien américain

Un homme trop occupé pour soigner sa santé est comme un mécanicien qui n'a pas le temps de prendre soin de ses outils.

~ Proverbe espagnol

C'est une ennuyeuse maladie que de conserver sa santé par un trop grand régime.

~ François duc de la Rochefoucauld, écrivain français, XVIIe siècle

Un homme sage devrait considérer que la santé est la plus grande des bénédictions humaines, et apprendre comment par la force de son esprit il peut tirer avantage de ses maladies.

~ Hippocrate, physicien grec, IVe siècle avant J.-C.

Examinez votre santé ; et si vous l'avez, louangez Dieu et accordez-lui la même valeur qu'à la conscience ; car la santé est la deuxième bénédiction à laquelle, nous, mortels, pouvons accéder, une bénédiction que l'argent ne peut acheter.

~ Isaak Walton, écrivain et biographe anglais, XVIe siècle

Être bien adapté à une société profondément malade n'est aucunement une mesure de bonne santé.

~ Jiddu Krishnamurti, philosophe indien, XXe siècle

Rien de sobre n'existe dans la nature,
Mais une santé éternelle imprègne tout.
Remplis la coupe, alors, remplis-la bien
Remplis là tous les verres — car
Pourquoi chaque créature boit-elle sauf moi ?
Pourquoi, homme de moralité, dis-moi pourquoi ?

~ Abraham Cowley, poète anglais, XVIIe siècle

Allons, qu'une bonne digestion seconde l'appétit, et que la santé suive !

~ William Shakespeare, dramaturge et poète anglais

Le problème avec certaines personnes, c'est que lorsqu'elles ne sont pas ivres, elles sont sobres.

~ W.B. Yeats, poète irlandais

Vous commencez par un verre, ce verre en entraîne un autre, et finalement c'est vous qu'il entraîne.

~ F. Scott Fitzgerald, romancier américain

On ne peut ni bien penser, ni bien aimer, ni bien dormir si on n'a pas bien mangé.

~ Virginia Woolf, romancière anglaise

La cuisine, c'est comme l'amour. On doit y pénétrer avec abandon ou pas du tout.

~ Harriet Van Horne, critique et chroniqueuse américaine

Il est difficile, mes chers concitoyens, de parler à un ventre qui n'a point d'oreilles.

~ Plutarque, historien et philosophe, Ier siècle

Je ne prépare plus à manger ou à boire avec plus d'un ingrédient.

~ Cyra McFadden, essayiste et romancière américaine

Ne mangez pas plus que le poids que vous pouvez lever.

~ Miss Piggy, marionnette de Jim Henson

Sur cette terre, il existe trois sortes de créatures. Certaines ont des ailes et volent. D'autres ont une fourrure et courent. D'autres encore ouvrent bien grand leur bouche et parlent. Toutes doivent manger et boire pour survivre.

~ Lu Yu, ermite et maître de thé chinois, VIIIe siècle

Une grande étape vers l'indépendance est un estomac de bonne humeur.

~ Sénèque, philosophe et homme d'État romain, Ire siècle

La nourriture est la forme la plus primitive de confort.

~ Sheilah Graham, chroniqueuse à potins d'Hollywood née en Angleterre

En France, tout finit ainsi. Mariages, baptêmes, duels, funérailles, escroqueries, affaires d'État — tout devient prétexte à un bon repas.

~ Jean Anouilh, dramaturge français

Mangez un petit-déjeuner de roi, un déjeuner de prince et un dîner de pauvre.

~ Adelle Davis, nutritionniste américaine

Et le malt fait plus que Milton le peut
Pour justifier les façons de Dieu envers l'homme.
Ale, homme, ale est la chose à boire
Pour ceux que la réflexion fait souffrir.

~ A.E. Housman, poète anglais

Un homme ne doit pas picoler avant cinquante ans ; par la suite, c'est un sacré fou s'il ne le fait pas.

~ William Faulkner, romancier américain

L'odeur du bon pain qui cuit, comme le bruit de l'eau qui coule doucement, est indescriptible dans son évocation de l'innocence et du plaisir.

~ M.F.K. Fisher, écrivain nutritionniste américain

Nous sommes tous mortels jusqu'au premier baiser et au deuxième verre de vin.

~ Eduardo Galeano, écrivain et historien uruguayen

Et maintenant, je m'aperçois, non sans plaisir, qu'il est sept heures, et que je dois préparer le dîner. Haddock et chair à saucisse. Il est vrai, je crois, que l'on acquiert une certaine maîtrise de la saucisse et du haddock en les couchant par écrit.

~ Virginia Woolf, romancière anglaise

Deux grandes pulsions : la première
Boire longtemps et intensément,
L'autre,
Ne pas dégriser trop vite.

~ Rumi, poète perse, XIIIe siècle

Un alcoolique, c'est quelqu'un que vous n'aimez pas qui boit au moins autant que vous.

~ Dylan Thomas, poète gallois

Le bonheur, c'est un déjeuner que l'on prend sans se presser.

~ John Gunther, écrivain et journaliste américain

Si davantage d'entre nous accordaient plus de valeur à la nourriture, à la gaieté et aux chansons qu'à l'accumulation de l'or, le monde serait plus joyeux.

~ J.R.R. Tolkien, écrivain et universitaire britannique

Les bonbons,
C'est élégant.
Mais l'alcool,
C'est puissant.

~ Ogden Nash, humoriste et poète américain

Il y a des gens qui se privent strictement de toute chose mangeable, buvable et fumable, dont la réputation est un tant soit peu douteuse. Ils paient ce prix pour être en santé. Et tout ce qu'ils obtiennent, c'est la santé. Comme c'est étrange. C'est comme dépenser toute sa fortune pour acheter une vache tarie.

~ Mark Twain, écrivain et humoriste américain, XIXe siècle

Mon médecin m'a recommandé d'arrêter les petits dîners intimes pour quatre. À moins qu'il y ait trois autres personnes.

~ Orson Welles, acteur américain et réalisateur de films

Toute l'histoire de l'humanité atteste
Que le bonheur pour un homme, – le pécheur affamé ! –
Depuis qu'Ève croqua la pomme, dépend beaucoup du dîner.

~ Lord Byron, poète romantique anglais

Comestible (adj.) : Susceptible d'être mangé et digéré, comme un ver pour le crapaud, un crapaud pour le serpent, un serpent pour le cochon, un cochon pour l'homme et un homme pour le ver.

~ Ambrose Bierce, écrivain et journaliste américain

Digestion (n.) : Transformation de victuailles en vertus.

~ Ambrose Bierce, écrivain et journaliste américain

C'est le vin qui m'incite, ce fou qui fait chanter, danser et rire aux larmes l'homme le plus rassis et nous tire les mots que mieux vaudrait garder.

~ Homère, poète grec

Nous sommes en fait beaucoup plus que ce que nous mangeons, mais ce que nous mangeons peut néanmoins nous aider à être davantage que ce que nous sommes.

~ Adelle Davis, nutritionniste américaine

Tu ne tiens pas de discours sur la manière dont il faut manger, mais tu manges comme il faut manger... et garde le silence.

~ Épictète, stoïcien et philosophe romain, IIe siècle

Fais en sorte que la faim soit ton nectar, comme un remède de santé.

~ Thomas Tusser, poète anglais, XVIe siècle

La découverte d'un mets nouveau fait plus pour le bonheur du genre humain que la découverte d'une étoile.

~ Anthelme Brillat-Savarin, gastronome et écrivain français, XVIIIe siècle

La nourriture pour d'aucuns peut être un poison pour d'autres.

~ Lucrèce, poète et philosophe romain

Après un bon dîner, on peut pardonner à n'importe qui, même à sa famille.

~ Oscar Wilde, poète et dramaturge irlandais, XIXe siècle

Les Américains commencent tout juste à voir la nourriture comme les Français l'ont toujours fait. Le souper n'est pas ce que vous faites dans la soirée avant autre chose. Le souper est la soirée.

~ Art Buchwald, journaliste américain

Monsieur, asseyez-vous, ayez du respect pour votre dîner : idolâtrez-le, profitez-en convenablement. Si vous le faites, vous serez plus heureux de nombreuses heures dans la semaine, plusieurs semaines dans l'année et beaucoup d'années dans votre vie.

~ William Makepeace Thackeray, romancier britannique, XIXe siècle

Mon animal préféré, c'est le steak.

~ Fran Lebowitz, humoriste américain

Il est rare qu'un homme réfléchisse à quelque chose avec autant de sérieux qu'il ne le fait concernant son dîner.

~ Samuel Johnson, lexicographe et critique, XVIIIe siècle

Le dîner d'un homme est si important pour lui qu'il ne peut croire qu'il s'agit d'une affaire tout à fait quelconque pour un autre.

~ Anthony Trollope, romancier anglais, XIXe siècle

Réfléchissez bien à ceci : les heures les plus charmantes de notre vie sont toutes rattachées, par un trait d'union plus ou moins tangible, à un souvenir de table.

~ Charles Pierre Monselet, écrivain français, XIXe siècle

Il peut vivre sans livres — qu'est-ce que la connaissance sinon l'affliction ?
Il peut vivre sans espoir — qu'est-ce que l'espoir sinon la déception ?
Il peut vivre sans amour — qu'est-ce que la passion sinon l'asservissement ?
Mais où se trouve l'homme qui peut vivre sans dîner ?

~ Edward Bulwer-Lytton, poète et homme d'État anglais, XIXe siècle

La digestion est, de toutes les opérations corporelles, celle qui influe le plus sur l'état moral de l'individu.

~ Anthelme Brillat-Savarin, gastronome et écrivain français, XVIIIe siècle

Je préfère considérer un dessert comme j'imaginerais la femme parfaite : subtile, un peu douce-amère, ni négligée ni extravertie. Délicatement agrémentée et pas trop fardée. Réservée, ne montrant pas tout et, bien sûr, avec une saveur qui perdure.

~ Graham Kerr, chef anglais et vedette de la télévision

Si le divin créateur a pris la peine de nous donner de si délicieuses et exquises choses à manger, le moins que nous puissions faire, c'est de bien les préparer et de les servir élégamment.

~ Fernand Point, chef français

Une partie du secret de la réussite dans la vie consiste à manger tout ce qu'on aime et à laisser les aliments se débattre à l'intérieur.

~ Mark Twain, écrivain et humoriste américain, XIXe siècle

Le dîner est, et a toujours été, une grande occasion artistique.

~ Frank Lloyd Wright, architecte américain

Appétit aiguisé
Et digestion rapide pour vous et les vôtres.

~ John Dryden, poète anglais, XVIIe siècle

8. Le travail et les loisirs

Le monde est rempli de gens qui veulent ; certains veulent travailler, les autres veulent les laisser travailler.

~ Robert Frost, poète américain

Chaque rêve nous est attribué avec le pouvoir de le réaliser. Cependant, il faudra peut-être travailler pour y arriver.

~ Richard Bach, écrivain et aviateur américain

Le travail est le grand remède à tous les maux et à toutes les misères qui assaillent l'humanité.

~ Thomas Carlyle, universitaire et écrivain écossais, XIXe siècle

L'homme sage se crée plus d'occasions qu'il n'en trouve.

~ Francis Bacon, essayiste et homme d'État anglais, XVIe siècle

L'une des plus étranges ironies de cette bizarre vie, c'est que ceux qui travaillent le plus fort, ceux qui se soumettent à la discipline la plus stricte, ceux qui abandonnent certaines choses agréables afin de réaliser un objectif sont les gens les plus heureux.

~ Brutus Hamilton, pentathlonien et instructeur olympique

Aucune race ne peut prospérer si elle n'apprend pas qu'il y a autant de dignité à cultiver son champ qu'à composer un poème.

~ Booker T. Washington, éducateur et leader afro-américain

Ce n'est pas seulement la prière qui glorifie Dieu, mais aussi le travail. Frapper sur une enclume, scier un madrier, blanchir un mur à la chaux, conduire des chevaux, balayer, récurer, tout cela contribue à la glorification de Dieu si en lui rendant grâce vous le faites comme votre devoir.

~ Gerard Manley Hopkins, poète religieux anglais, XIXe siècle

Travaille et lutte et n'accepte jamais un mal qu'il t'est possible de changer.

~ André Gide, écrivain et critique français

C'est dans l'effort que l'on trouve la satisfaction et non dans la réussite. Un plein effort est une pleine victoire.

~ Mohandas Gandhi, homme d'État indien

Le véritable bonheur pour une personne, c'est de regarder son passé et d'avoir le sentiment qu'elle a travaillé fort pour réaliser quelque chose et, de fait, de l'avoir réalisée.

~ Hirofumi Daimatsu, joueur de volley-ball et athlète olympique japonais

Le mode par lequel l'inévitable finit par être surmonté s'appelle l'effort.

~ Oliver Wendell Holmes, avocat et juge américain

Je crois beaucoup en la chance et je constate que plus je travaille, plus la chance me sourit.

~ Thomas Jefferson, auteur et homme d'État américain

La plupart des gens ratent des occasions parce que celles-ci se présentent en salopette et ont l'apparence du travail.

~ Thomas Edison, inventeur américain

D'après mon expérience, une personne ne peut, sous aucune forme, dépendre des relations humaines pour obtenir une récompense durable. La vraie satisfaction vient du travail.

~ Bette Davis, actrice américaine

Ne mesure pas ton travail tant que la journée n'est pas finie.

~ Elizabeth Barrett Browning, poète anglaise, XIXe siècle

Le dur labeur met en lumière le caractère des gens. Certains retroussent leurs manches, d'autres le nez, et d'autres encore rien du tout.

~ Sam Ewing, journaliste et humoriste américain

L'oisiveté et le manque d'occupations tendent – que dis-je sont attirés – vers le mal.

~ Hippocrate, physicien grec, IVe siècle avant J.-C.

Ne sois pas complètement oisif ; lis, écris, prie, médite ou entreprends quelque chose pour le bien commun.

~ Thomas a Kempis, théologien allemand, XVe siècle

L'homme est ainsi fait qu'il peut seulement trouver la relaxation d'un genre de travail qu'en en prenant un autre.

~ Anatole France, écrivain français, XIXe siècle

Béni soit celui qui a découvert sa vocation ; qu'il ne demande aucune autre félicité.

~ Thomas Carlyle, universitaire et écrivain écossais, XIXe siècle

Un être humain doit avoir une occupation s'il ou si elle ne veut pas devenir une nuisance dans le monde.

~ Dorothy L. Sayers, écrivaine de romans policiers anglaise

Puise le bonheur en toi-même du simple fait d'avoir effectué une bonne journée de travail, d'avoir illuminé le brouillard qui nous entoure.

~ Henri Matisse, peintre français

La vie n'a jamais rien accordé aux mortels sans que ceux-ci déploient beaucoup d'efforts.

~ Horace, poète latin, Ier siècle avant J.-C.

Pour que les gens soient heureux au travail, trois choses sont nécessaires : être apte à le faire ; ne pas trop en faire ; avoir l'impression de bien réussir.

~ John Ruskin, écrivain et critique d'art anglais, XIXe siècle

Ne continuez jamais dans un travail que vous n'appréciez pas. Si vous êtes heureux dans ce que vous faites, vous vous aimerez, vous aurez la paix intérieure. Et si vous avez cela, ainsi que la santé physique, vous connaîtrez plus de succès que vous ne l'aviez jamais imaginé.

~ Johnny Carson, comédien américain et vedette de la télévision

Les gens qui travaillent assis sont payés plus cher que ceux qui travaillent debout.

~ Ogden Nash, humoriste et poète américain

On ne doit pas afficher la sueur d'un dur travail. Il est beaucoup plus élégant de paraître favorisé par les dieux.

~ Maxine Hong Kingston, écrivain et romancier américain d'origine asiatique

Dans une vie consacrée à l'étude, il est un conseil auquel personne ne s'objecterait ; et c'est de se donner le droit d'être, de temps en temps, complètement oisif — de ne rien faire du tout.

~ Sydney Smith, essayiste et humoriste anglais, XIXe siècle

Tout le monde peut faire n'importe quelle quantité de travail à condition que ce ne soit pas le travail qu'il est censé faire à ce moment-là.

~ Robert Benchley, humoriste américain et chroniqueur de magazines

Par-delà tous les honneurs que la vie peut nous offrir, il y a la chance de travailler dur pour une cause qui en vaut la peine.

~ Theodore Roosevelt, politicien et président américain

La cessation du travail n'est pas nécessairement accompagnée d'une disparition des dépenses.

~ Caton l'Ancien, homme d'État romain et écrivain de prose, IIIe siècle avant J.-C.

Même si l'ambition est un vice en soi, souvent elle est aussi la mère de la vertu.

~ Hosea Ballou, pasteur universaliste et théologien américain

Tous les emplois rémunérés absorbent et avilissent l'esprit.

~ Aristote, philosophe grec

Les projets ne demeurent que de bonnes intentions, à moins qu'ils ne se transforment immédiatement en travail ardu.

~ Peter Drucker, homme d'affaires américain né en Autriche

La détente de l'esprit requiert que nous nous livrions, de temps en temps, à la plaisanterie et au jeu.

~ Saint Thomas d'Aquin, théologien, XIIIe siècle

Je ne crois pas que la nécessité soit la mère de l'invention – à mon avis, l'invention relève directement de l'inaction, possiblement de la paresse. Elle permet à une personne de contourner les problèmes.

~ Agatha Christie, auteure de romans policiers anglaise

L'ambition est une piètre excuse pour celui qui n'est pas suffisamment sensé pour être paresseux.

~ Edgar Bergen, ventriloque américain

L'oisiveté, c'est de ne rien faire. C'est être libre de ne rien faire.

~ Floyd Dell, écrivain et socialiste américain

L'échec n'est pas la seule punition résultant de la paresse ; il y a aussi le succès des autres.

~ Jules Renard, écrivain et auteur de mémoires français

Être capable d'occuper intelligemment ses loisirs, tel est l'ultime produit de la civilisation et, à ce jour, très peu de gens ont atteint ce niveau.

~ Bertrand Russell, philosophe britannique

L'ennui, c'est le sentiment que tout est une perte de temps ; la sérénité, que rien ne l'est.

~ Thomas Szasz, psychiatre hongrois

Si un homme insistait toujours pour être sérieux, et ne se permettait jamais de moments de plaisir et de détente, il deviendrait fou ou déséquilibré sans s'en rendre compte.

~ Hérodote, historien grec, Ve siècle avant J.-C.

Repose-toi ; un champ qui a été en jachère donne une abondante moisson.

~ Ovide, poète romain

Il est faux de dire que l'oisiveté est la mère de tous les maux ; elle est plutôt le seul véritable bien.

~ Soren Kierkegaard, philosophe et théologien danois, XIXe siècle

Il est bien triste que la seule chose que puisse faire un homme huit heures par jour, jour après jour, ce soit de travailler. Nous ne pouvons ni manger huit, ni boire huit, ni faire l'amour huit heures par jour. Tout ce que nous pouvons faire huit heures par jour, c'est de travailler ; et c'est pour cela que l'homme est lui-même et qu'il rend ses semblables si misérables et si malheureux.

~ William Faulkner, romancier américain

Il faut du temps pour être un génie. Vous devez passer tant de temps assis à ne rien faire, à ne vraiment rien faire.

~ Gertrude Stein, écrivaine américaine

Il est déjà possible d'imaginer une société dans laquelle la majorité de la population, c'est-à-dire les travailleurs, aura presque autant de loisirs que l'aristocratie d'autrefois. Quand on se souvient de la façon dont l'aristocratie s'est comportée dans le passé, la perspective n'est pas réjouissante.

~ W.H. Auden, poète anglais

Rien n'apporte autant de souffrance que trop de plaisir ; rien n'apporte autant d'esclavage que trop de liberté.

~ Benjamin Franklin, écrivain, savant et homme d'État américain

Celui qui a eu une bonne vie en a retiré le plus de plaisir ; Dieu veillera à ce que nous n'en profitions pas plus que ce qui est bon pour nous.

~ Samuel Butler, poète et satiriste anglais, XVIIe siècle

Si vous ne voulez pas travailler, il vous faudra travailler pour gagner l'argent qui vous permettra de ne pas travailler.

~ *Ogden Nash, humoriste et poète américain*

J'ai découvert que tout le malheur des hommes vient d'une seule chose, qui est de ne pas savoir demeurer assis immobile dans une pièce.

~ *Blaise Pascal, mathématicien et théologien français, XVII*[e] *siècle*

Un homme peut être attentif à son travail, et pourtant ne pas bien utiliser son temps. Il n'y a pas plus grave bêtise que celui qui consacre la plus grande partie de son existence à gagner sa vie.

~ *Henry David Thoreau, poète et écrivain transcendantaliste*

Amusez-vous. Il est plus tard que vous ne le croyez.

~ *Proverbe chinois*

Tôt au lit et tôt levé font un mâle robuste, riche et fort.

~ *James Thurber, humoriste américain*

La paresse enserre de plus en plus de gens ; cela commence par des toiles d'araignée et finit par des chaînes de fer. Plus quelqu'un a de choses à faire, plus il est capable d'en accomplir.

~ Thomas Buxton, abolitionniste et réformateur anglais, XIXe siècle

Nous sommes plus près des fourmis que des papillons. Très peu de gens peuvent supporter trop de temps libre.

~ Gerald Brenan, chroniqueur de voyages

Je ne peux imaginer rien de plus agréable qu'une vie dédiée au plaisir.

~ John D. Rockefeller jr, entrepreneur dans le domaine pétrolier et philanthrope américain

Ne crains jamais de t'asseoir un moment pour réfléchir.

~ Lorraine Hansberry, dramaturge afro-américaine

9. La mort et la nature

Nous craignons la mort comme nous craignons que l'été soit bref, mais lorsque nous avons eu amplement de plaisir, que nous nous sommes gavés de fruits et que nous avons sué sang et eau, nous disons que nous sommes satisfaits de notre journée.

~ Ralph Waldo Emerson, auteur et activiste américain, XIXe siècle

Nous nous félicitons parfois de nous être réveillés au milieu d'un rêve agité… il pourrait en être ainsi au moment de la mort.

~ Nathaniel Hawthorne, romancier américain, XIXe siècle

Pâle, la mort frappe d'un pied indifférent à la chaumière du pauvre et au palais des rois.

~ Horace, poète latin, Ier siècle avant J.-C.

Et qu'est-ce que mourir, si ce n'est se tenir nu dans le vent et se fondre dans le soleil ? Et quand la terre réclamera vos membres, alors vous danserez vraiment.

~ Kahlil Gibran, poète et romancier né au Liban

La mort est-elle le dernier sommeil ? Non, c'est le dernier et ultime réveil.

~ Sir Walter Scott, poète et romancier anglais

Tant qu'un homme n'a pas découvert quelque chose pour lequel il serait prêt à mourir, il n'est pas à même de vivre.

~ Martin Luther King jr, ministre baptiste et défenseur des droits civiques

Mourir semble moins triste qu'avoir trop peu vécu.

~ Gloria Steinem, écrivaine et activiste féministe américaine

Même la mort n'est pas fiable ; au lieu de zéro, elle peut ressembler à une horrible hallucination, par exemple la racine carrée de moins un.

~ Samuel Beckett, écrivain et dramaturge né en Irlande

On doit dire ceci de la mort :
Pas besoin de sortir du lit ;
Où que vous soyez,
On vous l'apportera gratuitement.

~ Kingsley Amis, romancier anglais

Je veux que ma vie soit occupée, mon esprit juste, et ma mort opportune.

~ Zora Neale Hurston, romancière américaine

Je mourrai, mais c'est tout ce que je ferai pour la Mort ; je n'apparaît pas à son journal de paie.

~ Edna St. Vincent Millay, poète américaine

Je ne mourrai pas d'un rhume. Je mourrai d'avoir vécu.

~ Willa Cather, romancière américaine, XIXe siècle

Au revoir, si vous entendez parler qu'on m'a placé contre un mur de pierre mexicain et troué de balles, sachez que je crois qu'il n'y a pas meilleure façon de quitter cette vie. Cela surpasse la vieillesse, la maladie, ou une chute dans les escaliers de la cave. Être un Gringo au Mexique — ah, ça c'est l'euthanasie !

~ Ambrose Bierce, écrivain et journaliste américain

Nous sommes des esprits. Le fait que ces corps nous soient prêtés, pendant qu'ils peuvent nous apporter du plaisir, nous aider à acquérir des connaissances, ou à faire le bien pour d'autres êtres humains, est un geste de bonté et de bienveillance de Dieu. Lorsqu'ils ne peuvent plus servir à ces fins et qu'ils nous apportent de la souffrance au lieu du plaisir… il est également bon et bienveillant qu'il existe un moyen par lequel nous puissions nous en débarrasser. C'est pour cela que la mort existe.

~ Benjamin Franklin, écrivain, savant et homme d'État américain

Les étoiles sont les lampadaires de l'éternité.

~ Proverbe rosicrucien

La mort est certaine pour qui naît,
Et certaine est la naissance pour qui meurt.
Puisqu'il te faut accomplir ton devoir,
Tu ne devrais pas t'apitoyer ainsi.

~ La Bhagavad Gîtâ

La mort n'est rien pour nous, puisque tant que nous sommes en vie, elle n'est pas là. Et quand elle survient, nous ne sommes déjà plus là.

~ Épicure, philosophe grec, IIIe siècle

J'ai dit à la Vie que j'aimerais entendre parler la Mort. Et la Vie a élevé un peu la voix et a dit : Tu l'entends maintenant. »

~ Kahlil Gibran, poète et romancier né au Liban

Comme une journée bien remplie nous donne un bon sommeil, une vie bien vécue nous mène à une mort paisible.

~ Leonardo da Vinci, peintre, sculpteur et inventeur, XVe siècle

Il est impossible que quelque chose d'aussi naturel, d'aussi nécessaire et d'aussi universel que la mort ait déjà été conçu par la Providence comme un mal pour l'humanité.

~ Jonathan Swift, écrivain et satiriste irlandais, XVIIIe siècle

Si nous craignons la mort, mes amis, c'est que nous pensons que nous sommes sages alors que nous ne le sommes pas ; c'est que nous pensons que nous savons quand nous ne savons pas. Pour tout ce que les hommes peuvent en dire, la mort est peut-être le plus grand bien qui puisse leur arriver ; mais ils la craignent comme s'ils savaient très bien qu'il s'agit du plus grand des maux. Et de quoi s'agit-il sinon de l'ignorance honteuse de penser que nous savons ce que nous ne savons pas ?

~ Socrate, philosophe grec

Si je devais tout recommencer, je prendrais l'habitude nocturne de considérer calmement l'idée de la mort. Je m'entraînerais, pour ainsi dire, à ne pas oublier la mort. Nulle autre pratique ne donne à la vie une telle intensité. La mort... devrait être partie intégrante de ce qu'on attend de la vie. Sans le sentiment permanent de la mort, la vie est insipide. Autant manger le blanc de l'œuf et laisser le jaune.

~ Muriel Spark, romancière britannique

La mort est une nuit sans fin si terrible à contempler qu'elle peut nous inciter à aimer la vie et à l'apprécier avec une telle passion que ce peut être la source ultime de toute joie et de tout art.

~ Paul Theroux, romancier américain et chroniqueur de voyages

Le corps est un instrument, l'esprit est sa fonction, le témoin et la récompense de son activité.

~ George Santayana, philosophe et critique américain né en Espagne

C'est l'esprit qui forme le corps.

~ Sojourner Truth, abolitionniste et oratrice américaine, XIXe siècle

Je suis une créature si merveilleuse.

~ Psaumes, 139:14

On peut dire « Je veux, mais mon corps ne m'obéit pas », mais non « Ma volonté ne m'obéit pas. »

~ Saint Augustin d'Hippone, père de l'Église, IVe siècle

Le corps est l'instrument de la danse, mais l'art transcende cette créature qu'est le corps.

~ Martha Graham, danseuse et chorégraphe américaine

Notre corps physique possède une sagesse qui fait défaut à celui qui l'habite. Nous lui donnons des ordres qui ne font aucun sens.

~ Henry Miller, auteur et essayiste américain

Le mariage, comme la mort, est notre dette envers la nature.

~ Julia Ward Howe, écrivaine et réformiste américaine, XIXe siècle

Nous nous attachons à croire que ce vacarme de religion, de littérature et de philosophie, que l'on entend dans les chaires, les lycées et les parloirs, retentit à travers l'univers et est un bruit aussi catholique que le grincement de l'axe de la Terre ; mais si un homme dort sur ses deux oreilles, il oubliera complètement tout cela entre le crépuscule et l'aube. C'est par le balancement de trois pouces d'un pendule dans une horloge de parquet que le grand pouls de la nature vibre à chaque instant. Quand nous levons nos paupières et ouvrons nos oreilles, il s'évanouit en fumée et ferraille comme les wagons sur un chemin de fer. Lorsque je détecte de la beauté dans n'importe quel recoin de la nature, l'esprit serein et réservé qu'elle requiert pour la contempler me rappelle l'inexprimable intimité d'une vie – combien silencieuse et modeste elle est.

~ Henry David Thoreau, poète et écrivain transcendantaliste

J'aime les arbres parce qu'ils ont l'air plus résignés que toute autre chose à vivre vieux.

~ Willa Cather, romancière américaine, XIXe siècle

Je suis sorti simplement pour me promener et j'ai finalement décidé de ne pas rentrer avant le coucher du soleil parce j'ai découvert qu'en réalité sortir signifiait entrer.

~ John Muir, naturaliste environnementaliste américain

Peu importe combien de fois vous frappez à la porte de la Nature, elle ne vous répondra pas par des mots que vous pouvez comprendre – car la Nature est muette. Elle vibrera et gémira comme un violon, mais ne vous attendez pas à une chanson.

~ Ivan Turgenev, romancier russe, XIXe siècle

Escaladez les montagnes et prenez un bol d'air frais. La paix de la Nature coulera en vous comme les rayons du soleil dans les arbres. Le vent vous insufflera sa fraîcheur, la tempête son énergie, et vos soucis s'envoleront comme les feuilles d'automne.

~ John Muir, naturaliste et environnementaliste américain

Quel livre un chapelain du diable pourrait-il écrire sur les œuvres maladroites, inutiles, ineptes, viles et horriblement cruelles de la nature !

~ Charles Darwin, naturaliste et écrivain, XIXe siècle

Si nous y réfléchissons bien, nous découvrirons que notre vie est liée à toute chose : la pierre, la terre, les arbres, les fleurs, l'eau, les insectes, les poissons, les oiseaux, les créatures, le soleil, l'arc-en-ciel, les enfants, les femmes, les autres hommes. Mais c'est avec le soleil qu'est établie sa plus grande et ultime relation.

~ D.H. Lawrence, romancier et poète anglais

Les plus sinistres et les plus abjectes ruelles de Londres ne possèdent pas à leur actif une aussi effroyable collection de crimes que toutes ces belles et riantes campagnes.

~ Arthur Conan Doyle, écrivain écossais et créateur de Sherlock Holmes

La nature n'a aucune pitié. La nature dit : « Je vais neiger. Si vous êtes en bikini et que vous n'avez pas de raquettes, c'est désolant. Mais de toute façon, je vais neiger. »

~ Maya Angelou, poète américaine

C'est au clair de lune qu'on voit les plus beaux visages, quand on en regarde une moitié avec les yeux et l'autre avec l'imagination.

~ Proverbe iranien

De temps en temps, regardez attentivement quelque chose qui n'a pas été fait de la main de l'homme : une montagne, une étoile, le détour d'un ruisseau. Alors vous parviendront la sagesse, la patience et le réconfort et, par-dessus tout, la certitude que vous n'êtes pas seul au monde.

~ Sidney Lovett, écrivain et aumônier de la Yale University

La Nature et moi ne faisons qu'un.

~ Woody Allen, réalisateur de films et acteur américain

N'accuse pas la nature, elle a joué son rôle. Joue le tien !

~ John Milton, poète anglais, XVIIe siècle

Dans toutes les choses de la nature, il y a quelque chose de merveilleux.

~ Aristote, philosophe grec

Un vide est hautement préférable à certains trucs que la nature utilise pour le combler.

~ Tennessee Williams, dramaturge américain

Le but de la vie, c'est d'être en accord avec la nature.

~ Zénon de Citium, philosophe grec et fondateur de l'école du stoïcisme, IIIe siècle avant J.-C.

L'homme a démontré qu'il est le maître de tout, à l'exception de sa propre nature.

~ Henry Miller, auteur et essayiste américain

L'audace de l'homme est telle qu'il a appris à contrefaire la Nature, oui, et il est si effronté qu'il la défie dans son œuvre.

~ Pliny l'Ancien, naturaliste romain, Ier siècle

La nature ne fait aucune pause dans sa progression et son développement, et appelle la malédiction sur toute inaction.

~ Johann Wolfgang von Goethe, poète et romancier allemand

Le clair de lune est une sculpture.

~ Nathaniel Hawthorne, romancier américain, XIXe siècle

De toutes les choses qui m'oppressent, cette perception de l'œuvre malfaisante de la nature elle-même — mon dégoût de sa cruauté, de sa maladresse, de son obscurité, de son amère moquerie d'elle-même — est la plus désolante.

~ John Ruskin, écrivain et critique d'art anglais, XIXe siècle

La nature, qui pour l'absolue préservation des lois de l'équilibre général, a tantôt besoin de vices ou de vertus m'inspire parfois une pulsion, parfois une autre, et ce, conformément à ses exigences.

~ Marquis de Sade, écrivain français, XVIIIe siècle

Les vertus plastiques — la pureté, l'unité et la vérité — maintiennent la nature dans la sujétion.

~ Guillaume Apollinaire, poète français né en Italie

S'asseoir à l'ombre par une belle journée et regarder la verdure, c'est le plus parfait des rafraîchissements.

~ Jane Austen, romancière anglaise, XIXe siècle

Dans la nature sauvage, je saisis le miracle de la vie, et nos réalisations scientifiques deviennent alors des futilités.

~ *Charles Lindbergh, aviateur américain*

10. Le sexe et le vice

Souvent l'esprit se libère lorsque le corps est rassasié de plaisir ; en effet, les étoiles sont parfois plus brillantes vues de la rue que du sommet d'une montagne.

~ W. Somerset Maugham, romancier et dramaturge né en France

La sexualité est notre forme la plus profonde de conscience. Elle n'est aucunement idéale ni mentale. C'est la pure conscience du sang… C'est la conscience de la nuit, lorsque l'âme est presque endormie.

~ D.H. Lawrence, romancier et poète anglais

Ceux qui répriment leur désir sont ceux dont le désir est assez faible pour être réprimé.

~ William Blake, artiste, poète et mystique, XVIIIe siècle

Une femme qui n'est pas soumise à la tentation ne peut se glorifier de sa chasteté.

~ Michel de Montaigne, essayiste français, XVIe siècle

Lorsqu'on vieillit, les péchés deviennent plus subtils. On les commet par désespoir plutôt que par luxure.

~ Piers Paul Read, romancier anglais

Le mariage est populaire parce qu'il combine le maximum de tentations au maximum d'occasions.

~ George Bernard Shaw, dramaturge et essayiste irlandais

Les rapports sexuels, c'est comme donner un bon coup de pied au derrière de la mort tout en chantant.

~ Charles Bukowski, romancier américain

Si les dictateurs voient souvent la sexualité et la créativité comme des activités subversives, c'est qu'elles nous dévoilent que nous possédons notre propre corps (et avec lui notre propre voix), et c'est la plus révolutionnaire des visions internes.

~ Erica Jong, écrivaine américaine

Des flèches de chair fulgurantes… un courant électrique traversant le corps. Un arc-en-ciel de couleur frappe les paupières. Une écume de musique remplit les oreilles. C'est le gong de l'orgasme.

~ Anaïs Nin, écrivaine née en France et auteure d'un journal intime

En bout de ligne, la pornographie n'a rien à voir avec le sexe, mais plutôt avec la mort.

~ Susan Sontag, essayiste et critique américaine

Depuis que nous n'écrivons plus sur l'union à Dieu, écrire sur la sexualité est devenu le test ultime pour un auteur : communiquer l'incommunicable.

~ Michele Roberts, écrivaine féministe anglaise

La sexualité est peut-être comme la culture – un luxe qui ne devient un art qu'après des générations de relations oisives.

~ Alice B. Toklas, figure littéraire de la génération perdue et auteure de livres de cuisine

Chacun devrait étudier la philosophie et la littérature, du moins assez pour rendre son expérience sexuelle plus délectable.

~ Georg Christoph Lichtenberg, éducateur, savant et écrivain allemand, XVIIIe siècle

La sexualité comme institution, la sexualité comme notion générale, la sexualité comme problème, la sexualité comme platitude — toutes des dimensions que je trouve trop fastidieuses pour les traduire en mots. Laissons tomber la sexualité.

~ Vladimir Nabokov, écrivain, poète et critique né en Russie

J'ai toujours posé comme maxime — et découvert par expérience que c'était justifié — qu'un homme et une femme forment de bien meilleures amitiés qu'il peut en exister entre deux personnes du même sexe — mais à la condition qu'ils n'aient jamais fait ou ne fassent jamais l'amour ensemble.

~ Lord Byron, poète romantique anglais

Il est faux de dire que plus nous avons de rapports sexuels, plus notre travail en souffre ; au contraire, meilleur sera notre travail.

~ H.G. Wells, romancier et essayiste anglais

La luxure est aux passions ce que le système nerveux est à la vie ; elle les soutient toutes et leur prête force : ambition, cruauté, avarice, vengeance, sont toutes fondées sur la luxure.

~ Marquis de Sade, écrivain français, XVIIIe siècle

L'amour est avec certitude la réponse mais, pendant que vous attendez cette dernière, le sexe soulève des questions très intéressantes.

~ Woody Allen, directeur de films et acteur américain

Quand les autorités avancent que le sexe est un péché, il faut en tirer une importante leçon : ne pas faire l'amour avec les autorités.

~ Matt Groening, auteur de bandes dessinées américain

Une femme qui se déshabille, comme c'est éblouissant. C'est comme le soleil qui perce les nuages.

~ Auguste Rodin, sculpteur français, XIXe siècle

Vous croyez qu'il est horrible que le désir et la rage
Me rendent visite dans mon vieil âge ;
Il n'y avait pas de telles plaies quand j'étais jeune ;
Qu'ai-je d'autre qui pourrait m'inciter à chanter ?

~ W.B. Yeats, poète irlandais

Quiconque regarde une assiette de jambon et d'œufs avec convoitise en a déjà fait son petit-déjeuner dans son cœur.

~ C.S. Lewis, romancier et biographe anglais

La société rend les gens fous de concupiscence et appelle cela de la publicité.

~ John Lahr, écrivain, critique de théâtre et biographe américain

La partie la plus faible de mon corps, ce sont les yeux d'une femme.

~ Anonyme

La sainteté est aussi une tentation.

~ Jean Anouilh, dramaturge français

Tenter ou être tenté, voilà des choses intimement liées… il suffit que le sentiment soit présent et, dès qu'il est excité, nous sommes déjà allés plus loin que nous le pensions.

~ Catherine la Grande, Catherine II de Russie

Le sexe est la seule chose que vous ne pouvez vraiment escroquer ; et c'est le centre de la pire escroquerie de toutes, l'escroquerie émotionnelle… Le sexe prend d'assaut les émotions contrefaites, est impitoyable et dévastateur envers le faux amour.

~ D.H. Lawrence, romancier et poète anglais

Je dirai une chose horrible, mais je la dirai tout de même. Je découvre que, à bien des égards, il y a davantage de modération et d'ordre dans ma moralité que dans mes opinions, et que ma luxure est moins dépravée que ma raison.

~ Michel de Montaigne, essayiste français, XVIe siècle

La moralité dans les relations sexuelles, lorsqu'elle n'est soumise à aucune superstition, n'est essentiellement que le respect de l'autre personne, et le refus de l'utiliser comme seul moyen de valorisation personnelle, et ce, sans tenir compte de ses désirs.

~ Bertrand Russell, philosophe britannique

Le sexe réside à la racine de la vie, et nous n'apprendrons jamais à vénérer la vie avant d'avoir appris à comprendre le sexe.

~ Havelock Ellis, sexologue anglais

Nos sens, nos appétits et nos passions sont nos guides légitimes et fidèles dans la plupart des choses associées uniquement à cette vie ; et, par conséquent, en raison de toutes les heures nécessaires pour les consulter, nous nous complaisons progressivement dans une soumission implicite et une confiance habituelle. Chaque acte en conformité avec leurs principes en entraîne un autre, chaque nouveau pas vers la dépravation est fait avec moins de répugnance que le précédent, et ainsi la descente vers une vie simplement sensuelle est accélérée.

~ Samuel Johnson, lexicographe et critique, XVIIIe siècle

Quel est le lot de la femme d'une parfaite chasteté ? Elle oublie le monde et est oubliée par le monde.

~ Alexander Pope, poète anglais, XVIIIe siècle

Plus on avance en âge, plus on aime l'indécence.

~ Virginia Woolf, romancière anglaise

La luxure est une blessure mystérieuse au flanc de l'humanité ; ou plutôt à la source même de sa vie ! Confondre la luxure de l'homme et le désir qui unit les sexes, c'est confondre la tumeur et l'organe qu'elle dévore, une tumeur dont la difformité même reproduit horriblement la forme.

~ Georges Bernanos, écrivain religieux français

Le désir charnel domine où il n'y a pas d'amour de Dieu.

~ Saint Augustin d'Hippone, père de l'Église, IVe siècle

Une chose que j'ai apprise pendant toutes ces années, c'est de ne pas faire l'amour quand vous n'en avez pas vraiment envie ; il n'y a probablement rien de pire que vous puissiez vous faire à vous-même.

~ Norman Mailer, écrivain américain

Seule une farouche lutte parvient à transformer la sentimentalité et la convoitise en amour.

~ E.M. Forster, romancier anglais

Hélas ! les vices de l'homme, si pleins d'horreur qu'on les suppose, contiennent la preuve (quand ce ne serait que leur infinie expansion !) de son goût de l'infini ; seulement, c'est un goût qui se trompe souvent de route. C'est dans cette dépravation du sens de l'infini que gît, selon moi, la raison de tous les excès coupables.

~ Charles Baudelaire, poète symboliste français, XIXe siècle

Les amants mortels ne doivent pas demeurer sur la première marche, car la passion impérissable est le rêve d'une putain et, dès lors, nous nous éveillons désespérés.

~ C.S. Lewis, romancier et critique anglais

La gloutonnerie et la convoitise sont les seuls péchés qui compromettent quelque chose d'essentiel à notre survie.

~ Henry Fairlie, écrivain et biographe politique

Je me demande qui est l'imbécile qui a inventé le baiser.

~ Jonathan Swift, écrivain et satiriste irlandais, XVIIIe siècle

Ce que les hommes nomment galanterie
Et que les dieux appellent adultère
Est beaucoup plus répandu
Là où le climat est étouffant.

~ Lord Byron, poète romantique anglais

Si vous vivez dans le rock'n'roll, comme c'est mon cas, vous voyez la réalité du sexe, la convoitise des hommes et les femmes qui se laissent séduire par cette dernière. La convoitise attire les femmes ; elle ne les dégoûte pas.

~ Camille Paglia, écrivaine et critique américaine

Ce n'est plus suffisant d'être sensuel. On doit être un gourmet sexuel.

~ George F. Will, journaliste américain et chroniqueur de magazines

On peut être un soldat sans mourir, et un amant sans soupirer.

~ Sir Edwin Arnold, poète anglais, XIXe siècle

L'amateur de la vie fait du monde sa famille, comme l'amateur du beau sexe compose sa famille de toutes les beautés trouvées, trouvables et introuvables.

~ Charles Baudelaire, poète symboliste français, XIXe siècle

Celui qui non seulement possède les quatre « S » requis pour être un bon amant, mais qui de plus a toutes les lettres de l'alphabet, par exemple agréable, bienfaisant, constant, dévoué, facile, galant, honorable, ingénieux, bon, loyal, noble, prudent, tranquille, riche, secret, vrai, vaillant, sage, est jeune et zélé. En fait, le X est une lettre trop difficile pour qu'on soit d'accord avec lui.

~ Miguel de Cervantes, romancier et dramaturge espagnol, XVIe siècle

Tout homme a besoin de deux femmes, une femme d'intérieur discrète et une nymphe exaltante.

~ Iris Murdoch, romancier anglais

Une orange sur la table,
Ta robe sur le tapis,
Et toi dans mon lit,
Doux présent du présent,
Fraîcheur de la nuit,
Chaleur de ma vie.

~ Jacques Prévert, poète surréaliste français

Pourquoi fais-tu ça, soleil indiscipliné,
Par les fenêtres et l'interstice des rideaux, pourquoi nous réveilles-tu ?
Faut-il que la saison des amants suive ta course ?

~ John Donne, poète métaphysique, XVIe siècle

Ainsi, ces deux êtres emparadisés dans les bras l'un de l'autre, se formant un plus heureux Eden, posséderont leur pleine mesure de bonheur sur bonheur.

~ John Milton, poète anglais, XVIIe siècle

Quand un homme et une femme éprouvent une passion irrésistible l'un pour l'autre, il me semble que malgré certains obstacles cherchant à les séparer comme parents ou époux, ils s'appartiennent l'un à l'autre au nom de la Nature et sont des amants de par le Droit divin, en dépit des conventions humaines ou des lois.

~ Nicolas-Sébastien Chamfort, écrivain et humoriste français, XVIIIe siècle

Une personne, même si elle vaut la peine d'être possédée, ne peut être tout à fait possédée.

~ Sara Teasdale, poète américaine

TROISIÈME PARTIE

L'esprit

* * *

Auguste César disait que ce qui est bien fait l'est rapidement. C'est peut-être vrai sur le champ de bataille mais, dans une salle de bain, l'empressement ne peut produire que des déchets. Pour qu'un arrêt dans la salle de bain soit bien utilisé et satisfaisant, un rythme lent et constant doit être combiné avec un climat de paix et une intimité absolue. Les passages de cette partie abordent la psychologie de l'intimité, de la solitude et de l'isolement, ainsi que les tensions et les demandes de la société, et les interactions sociales. On y explore aussi les vertus de la patience et de l'humilité, toutes deux utiles durant le temps que l'on passe dans la toilette, de même que d'autres questions liées à l'intellect, comme la moralité, la défaite, le rejet, la persévérance, l'honneur, l'ambition et la conscience. Des écrivains comme Robert Louis Stevenson, Thomas d'Aquin, Ayn Rand, Ralph Waldo Emerson et Aristote ont aussi examiné avec attention des sujets comme la modestie, l'échec, l'originalité, la médisance, la force de caractère, la fierté, le péché, la nature du mal, le but de l'art, les joies et les peines de l'esprit créatif, et la véritable signification de la réussite.

11. L'adversité et la réussite

Si vous traversez l'enfer, continuez d'avancer !

~ Winston Churchill, homme d'État et premier ministre britannique

J'ai visité la cuisine du chagrin et j'ai léché tous les plats. Puis je me suis tenue debout sur une montagne escarpée enveloppée d'arcs-en-ciel, avec une harpe et une épée à la main.

~ Zora Neale Hurston, romancière américaine

Pour l'homme au corps solide et à l'esprit serein, le mauvais temps n'existe pas ; chaque firmament a sa beauté, et les tempêtes qui fouettent le sang augmentent les battements du cœur.

~ Jerome K. Jerome, humoriste et écrivain anglais

Vous pouvez essuyer plusieurs revers, mais vous ne devez pas accepter la défaite. Il peut être nécessaire d'affronter la défaite pour découvrir qui vous êtes, ce que vous pouvez en tirer, et comment vous pouvez encore l'éviter.

~ Maya Angelou, poète américaine

Sans hiver, le printemps ne serait pas si agréable ; si nous ne goûtions pas à l'adversité, la réussite ne serait pas tant appréciée.

~ Anne Bradstreet, poète anglaise, XVIIe siècle

Seuls ceux qui souffrent, perdent, supportent l'adversité et trébuchent de défaite en défaite connaissent vraiment la vie.

~ Anaïs Nin, écrivaine née en France et auteure d'un journal intime

Les difficultés renforcent l'esprit, tout comme le travail fortifie le corps.

~ Sénèque, philosophe et homme d'État romain, Ier siècle

La vie ne procure pas de plus grand plaisir que celui de surmonter les difficultés, de passer d'une étape de succès à l'autre, de former de nouveaux souhaits et de les voir accomplis. Celui qui travaille pour toute grande ou louable entreprise voit d'abord sa fatigue soutenue par l'espoir, puis récompensée par la joie.

~ Samuel Johnson, lexicographe et critique, XVIIIe siècle

Regarde, je t'ai purifiée comme l'argent, je t'ai éprouvée au creuset du malheur.

~ Isaïe, 48:10

L'adversité met à l'épreuve les principes de l'homme. Sans elle, il lui est difficile de savoir s'il est honnête ou pas.

~ Henry Fielding, dramaturge et romancier anglais, XVIIIe siècle

La prospérité découvre nos vices, et l'adversité nos vertus.

~ Francis Bacon, essayiste et homme d'État anglais, XVIe siècle

Si vous vous brisez le cou, si vous n'avez rien à manger, si votre maison est en feu, vous avez un problème. Toute autre chose n'est que désagrément.

~ Robert Fulghum, écrivain américain dans le domaine de la croissance personnelle

Il est parfois pire de gagner un combat que de le perdre.

~ Billie Holiday, vocaliste de jazz américain

Que l'échec ne vous décourage pas. Ce peut être une expérience positive. L'échec est, d'une certaine façon, l'autoroute vers la réussite, dans la mesure où chaque découverte de ce qui est faux nous mène à chercher sincèrement ce qui est vrai, et chaque nouvelle expérience révèle une certaine forme d'erreur que nous pourrons ensuite soigneusement éviter.

~ John Keats, poète anglais, XIXe siècle

Un esclave, c'est celui qui attend que quelqu'un vienne le libérer.

~ Ezra Pound, poète américain

Si une chose vaut d'être faite, elle vaut d'être mal faite.

~ G.K. Chesterton, essayiste et auteur anglais

Mieux vaut allumer une chandelle que de maudire l'obscurité.

~ Proverbe chinois

Chaque retrait me permet de me rapprocher de mon prochain coup de circuit.

~ Babe Ruth, joueur de baseball

Je n'ai pas échoué, j'ai trouvé 10 000 méthodes qui ne marchent pas.

~ Thomas Edison, inventeur américain

Si vous voulez avoir du succès dans la vie, faites de la persévérance votre ami de cœur, de l'expérience votre sage conseiller, de la prudence votre frère aîné et de l'espoir votre ange gardien.

~ Joseph Addison, essayiste anglais, XVIIe siècle

Nos erreurs ne sont certainement pas des choses si honteuses et si graves que nous le croyons. Dans un monde où nous sommes assurés d'en commettre malgré toute notre prudence, une certaine légèreté du cœur semble plus indiquée qu'une nervosité excessive à leur sujet.

~ William James, philosophe américain, XIXe siècle

Rire souvent et beaucoup, mériter le respect des gens intelligents et l'affection des enfants, gagner l'estime des critiques honnêtes et endurer les trahisons de ceux qui ne sont pas de vrais amis, apprécier la beauté, trouver ce qu'il y a de mieux dans les autres, laisser derrière soi un monde un peu meilleur, par un bel enfant, un coin de jardin ou une condition sociale moins dure, savoir qu'une vie seulement a respiré plus facilement grâce à vous, voilà ce qu'est la réussite.

~ Ralph Waldo Emerson, auteur et activiste américain, XIXe siècle

Ah mais la portée d'un homme devrait excéder sa poigne, sinon pourquoi le ciel existerait-il ?

~ Robert Browning, poète anglais, XIXe siècle

Vos croyances et votre confiance à l'égard du possible déterminent la limite extrême de votre potentiel.

~ Brian Tracy, homme d'affaires et conférencier motivateur américain

Les hommes souhaitent ardemment améliorer leur situation, mais sont réfractaires à l'idée de s'améliorer eux-mêmes ; par conséquent, ils restent limités.

~ James Allen, romancier américain, XIXe *siècle*

Chaque être humain naît avec un ensemble unique de potentialités qui aspirent à se réaliser, aussi sûrement que le gland est un chêne en puissance.

~ Aristote, philosophe grec

La plupart des gens réussiraient dans les petites choses s'ils n'étaient pas préoccupés par de grandes ambitions.

~ Henry Wadsworth Longfellow, poète américain, XIXe *siècle*

Une vie passée à commettre des erreurs est non seulement plus honorable, mais encore plus utile qu'une vie passée à ne rien faire.

~ George Bernard Shaw, dramaturge et essayiste irlandais

La beauté du monde, qui est si fragile, a deux arêtes, l'une de rire, l'autre d'angoisse, coupant le cœur en deux.

~ Virginia Woolf, romancière anglaise

Le succès vient d'habitude à ceux qui sont trop occupés pour le chercher.

~ Henry David Thoreau, poète et écrivain transcendantaliste

La mollesse morale est née de la vénération exclusive de cette garce de déesse qu'est la réussite. Elle est, avec l'ignoble interprétation pécuniaire du mot réussite, notre maladie nationale.

*~ William James, philosophe américain, XIX*e *siècle*

Le succès, c'est d'aller d'échec en échec sans perdre son enthousiasme.

~ Winston Churchill, homme d'État et premier ministre britannique

Un raté est un homme qui a fait une erreur, mais qui n'a rien tiré de son expérience.

*~ Elbert Hubbard, écrivain, éducateur et membre du Arts & Crafts Movement, XIX*e *siècle*

Vise le ciel et tu y amèneras la terre : vise la terre et tu n'obtiendras ni l'un ni l'autre.

~ C.S. Lewis, romancier et critique anglais

Non pas oublier de viser, mais plutôt viser trop bas, voilà le crime.

~ James Russell Lowell, poète américain et éditeur de magazines, XIXe siècle

Le passé nous définit. Avec raison, nous pouvons lutter pour oublier ou fuir ce qu'il recelait de mauvais, mais nous n'y parviendrons qu'en y introduisant quelque chose de meilleur.

~ Wendell Berry, poète et essayiste américain

Il nous faut être prêts à mettre de côté la vie que nous avons planifiée, et enfin vivre celle qui nous attend.

~ Joseph Campbell, mythologue et éducateur américain

Elle a reçu un cadeau sans égal… celui de transformer de grosses erreurs en petites occasions à saisir.

~ Henry James, romancier américain

Dans la vie, comme à la guerre, nous ne réussissons qu'en choisissant un objectif unique et primordial, et en assujettissant toutes les considérations à cet objectif.

~ Dwight D. Eisenhower, président et commandant militaire américain

Hélas, nous fabriquons une échelle avec nos pensées, où se tiennent les anges, mais nous dormons à son pied ; nos grandes résolutions regardent de haut nos gestes somnolents.

~ Letitia E. Landon, poète et critique anglaise, XIXe siècle

Bien sûr, il n'existe pas de formule de réussite, sauf peut-être une acceptation inconditionnelle de la vie et de ce qu'elle nous apporte.

~ Arthur Rubinstein, pianiste né en Pologne

Les bonnes personnes sont bonnes parce qu'elles sont venues à la sagesse par l'échec.

~ William Saroyan, écrivain et dramaturge américain

Ce que nous appelons l'échec n'est pas la chute, mais le fait de rester par terre.

~ Mary Pickford, actrice de cinéma née au Canada

Une minute de succès rétribue des années d'échec.

~ Robert Browning, poète anglais, XIXe siècle

Pourquoi être un homme quand vous pouvez être une réussite ?

~ Bertolt Brecht, dramaturge allemand

Ce qui m'intéresse, c'est la vie des hommes qui ont échoué, car c'est le signe qu'ils ont essayé de se surpasser.

~ Georges Clémenceau, politicien et premier ministre français

Vous devez à l'humanité de mettre vos talents à l'œuvre.

~ W.H. Auden, poète anglais

Beaucoup d'échecs dans la vie sont dus à des gens qui n'ont pas réalisé à quel point ils étaient près du succès au moment où ils ont abandonné.

~ Thomas Edison, inventeur américain

Peu importe votre nature, accrochez-vous-y ; ne reniez jamais vos talents. Respectez votre nature et vous réussirez.

~ Sydney Smith, essayiste et humoriste anglais, XIXe siècle

Il n'y a qu'un vrai succès : être capable de vivre sa vie à sa manière.

~ Christopher Morley, romancier et essayiste américain

La vie de chaque homme est un journal dans lequel il a l'intention d'écrire une histoire, mais où il en écrit une autre.

~ J.M. Barrie, dramaturge et auteur écossais

Saisissez l'occasion par la barbe, car derrière elle est chauve.

~ Proverbe bulgare

Les petites occasions sont souvent le début de grandes entreprises.

~ Démosthène, orateur grec, IVe siècle avant J.-C.

Dans votre esprit, formez une image mentale de vous-même en train de réussir et imprimez-la de manière indélébile. Préservez-la de toutes vos forces. Ne lui permettez jamais de s'estomper. Votre esprit cherchera à la développer. N'érigez pas d'obstacles dans votre imagination.

~ Norman Vincent Peale, écrivain religieux américain

L'échec est l'épice qui donne sa saveur au succès.

~ Truman Capote, romancier américain

12. La solitude et la société

Ne vous conformez pas au siècle présent.

~ Épître aux Romains, 12:2

L'isolement est la pauvreté du soi ; la solitude en est la richesse.

~ May Sarton, poète et éducatrice américaine née en Belgique

Ne te laisse mettre en prison par aucune affection. Préserve ta solitude. Le jour, s'il vient jamais, où une véritable affection te serait donnée, il n'y aurait pas d'opposition entre la solitude intérieure et l'amitié, au contraire. C'est même à ce signe infaillible que tu la reconnaîtras.

~ Simone Weil, philosophe française

Ce qui te rend exceptionnel, si tu l'es, c'est inévitablement ce qui doit te rendre solitaire.

~ Lorraine Hansberry, dramaturge américaine

Il n'est pas nécessaire que tu sortes de ta maison. Reste à ta table et écoute. N'écoute même pas, attends seulement. N'attends même pas, sois absolument silencieux et seul. Le monde viendra s'offrir à toi pour que tu le démasques, il ne peut faire autrement, extasié, il se tordra devant toi.

~ Franz Kafka, écrivain tchèque

Nous permettons à notre ignorance de nous dominer et de nous laisser croire que nous pouvons survivre seul, seul dans nos territoires, seul dans nos groupes, seul dans nos peuples, même seul dans nos genres.

~ Maya Angelou, poète américaine

L'opinion sociale ressemble à un couteau tranchant. Il existe des gens stupides qui ne le regardent qu'avec terreur et qui n'osent pas le toucher ; il existe des gens encore plus stupides qui, par imprudence ou par défi, le saisissent par la lame et se font couper et mutiler pour leurs frais ; et il existe des gens sages qui le prennent discrètement par le manche et sculptent leur propre finalité.

~ Anna Jameson, romancière irlandaise et chroniqueuse touristique, XIXe siècle

La solitude est anti-américaine.

~ Erica Jong, écrivaine américaine

Une des plus grandes nécessités en Amérique consiste à découvrir la solitude créative.

~ Carl Sandburg, poète américain

Lorsqu'ils sont seuls, ils veulent être entourés et, lorsqu'ils sont entourés, ils veulent être seuls. Après tout, les êtres humains sont ainsi.

~ Gertrude Stein, écrivaine américaine

Être une vieille fille, c'est comme mourir noyée ; une sensation vraiment délicieuse, une fois que vous avez cessé de combattre.

~ *Edna Ferber, écrivaine et essayiste américaine*

Elle n'était pas habituée à goûter aux joies de la solitude, sauf lorsqu'elle était en compagnie des autres.

~ *Edith Wharton, romancière américaine, XIXe siècle*

Elle n'échangerait jamais sa solitude contre rien d'autre. Jamais plus elle serait obligée de se mouvoir au rythme des autres.

~ *Tillie Olson, critique sociale et nouvelliste américaine*

Sur les rivages de chaque agonie est assis un observateur qui indique la voie.

~ *Virginia Woolf, romancière anglaise*

Nous sommes nés seuls, nous vivons seuls, nous mourons seuls. Uniquement notre amour et notre amitié peuvent nous donner l'illusion momentanée que nous ne sommes pas seuls.

~ *Orson Welles, acteur américain et directeur de films*

La solitude est la caractéristique la plus fondamentale de la condition humaine. L'homme est l'unique être qui sait qu'il est seul.

~ Octavio Paz, poète mexicain

La solitude est aussi nécessaire à l'imagination que la société est salutaire au caractère.

~ James Russell Lowell, poète et éditeur de magazines, XIXe siècle

Quand vous fermez vos portes et vous retrouvez dans l'obscurité, rappelez-vous de ne jamais dire que vous êtes seul, car vous ne l'êtes pas ; non, Dieu est à l'intérieur et votre génie y est aussi. Et ont-ils besoin de lumière pour voir ce que vous faites ?

~ Épictète, stoïcien et philosophe romain, IIe siècle

L'isolement est la somme totale des misères de l'homme.

~ Thomas Carlyle, universitaire et écrivain écossais, XIXe siècle

Un homme seul est une chose solitaire, une pierre, un os, un bâton, un récipient pour le gin Gilbey's, un personnage voûté assis sur le bord d'un lit d'hôtel, exhalant de grands soupirs comme le vent d'automne.

~ John Cheever, romancier et nouvelliste américain

Qui sait ce qu'est la vraie solitude — non au sens classique du terme, mais en tant que terreur nue ? Pour ceux qui sont eux-mêmes seuls, elle porte un masque. Le paria le plus misérable étreint certains souvenirs ou certaines illusions. Ici et là une conjonction fatale d'événements peut lever le voile pour un instant. Pour un instant seulement. Aucun être humain ne peut supporter de voir continuellement la solitude morale sans se mettre en colère.

~ Joseph Conrad, romancier né en Pologne

Rien ne vaut l'indiscrétion pour vous montrer que le monde extérieur est différent de celui qui existe à l'intérieur de votre cerveau.

~ Thornton Wilder, romancier et dramaturge américain

Ce qui arrive au sol lorsqu'il cesse d'être cultivé arrive aussi à l'homme qui délaisse stupidement la vie en société au profit de la solitude ; les ronces envahissent son cœur déserté.

~ Antoine Rivarol, journaliste et monarchiste français, XVIIIe siècle

Ainsi, non seulement la démocratie fait-elle oublier à chaque homme ses aïeux, mais aussi lui cache-t-elle ses descendants et le sépare-t-elle de ses contemporains ; elle le ramène sans cesse vers lui seul et menace de le renfermer tout entier dans la solitude de son propre cœur.

~ Alexis de Tocqueville, historien et scientifique politique français

Toute l'œuvre de votre vie vous accable lorsque vous vivez seul. On en est stupéfait. Pour vous en débarrasser, vous essayez d'en transférer une partie à ceux qui viennent vous voir, et ils détestent cela. Être seul, c'est s'entraîner à la mort.

~ Louis-Ferdinand Céline, écrivain et physicien français

Oh, posséder un abri dans quelque vaste étendue sauvage, où les rumeurs d'oppression et de duperie, de guerres perdues ou gagnées ne pourraient plus jamais m'atteindre.

~ William Cowper, poète anglais, XVIIIe siècle

La véritable solitude est un vacarme de chants d'oiseaux, de feuilles grouillantes, de couleurs tourbillonnantes, ou une clameur de traces dans la neige.

~ Edward Hoagland, romancier et éducateur américain

À son meilleur, l'homme est le plus noble de tous les animaux ; sans loi ni justice, il est le plus infâme.

~ Aristote, philosophe grec

Ce qui sous-tend la civilisation, c'est la confiance que les hommes ont les uns envers les autres, confiance en leur intégrité, en leur honnêteté et en leur avenir.

~ Bourke Cockran, politicien américano-irlandais, XIXe siècle

Vivez de telle manière que vous n'ayez pas honte de vendre votre perroquet à la commère de la ville.

~ Will Rogers, acteur de radio et de théâtre

Rien n'est aussi irritant et pédant que les jugements des hommes envers leurs semblables.

~ Érasme, écrivain et humaniste hollandais

Soyez bon, car chaque personne que vous rencontrez livre un combat plus difficile que le vôtre.

~ Platon, philosophe grec

Nous sommes tous la récolte de l'autre, nous sommes tous les affaires des autres ; nous sommes tous la magnitude et le lien des autres.

~ Gwendolyn Brooks, poète afro-américaine

Le premier devoir de l'être humain est de trouver une bonne relation avec la société – somme toute, se trouver un véritable travail et l'exécuter.

~ Charlotte Perkins Gilman, écrivaine, éditrice et réformatrice américaine

On a appris aux hommes que c'est une vertu d'être d'accord avec les autres. Mais le créateur est celui qui n'est pas d'accord. On a appris aux hommes que c'est une vertu de nager avec le courant. Mais le créateur est l'homme qui va à contre-courant. On a appris aux hommes que c'est une vertu de se tenir ensemble. Mais le créateur est celui qui demeure seul.

~ Ayn Rand, romancière et philosophe née en Russie

Tenez un journal intime et un jour c'est lui qui vous tiendra.

~ Mae West, actrice de cinéma américaine

L'amour de notre voisin, dans toute la plénitude du terme, c'est simplement d'être capable de lui demander : « Quoi de neuf dans ta vie ? »

~ Simone Weil, philosophe française

Il faut voyager pour frotter et limer sa cervelle contre celle d'autrui.

~ Michel de Montaigne, essayiste français, XVIe siècle

Pour réussir dans le monde, il ne vous suffit pas d'être stupide, vous devez aussi avoir de bonnes manières.

~ Voltaire, écrivain français du Siècle des lumières

La société est comme l'air, nécessaire pour respirer mais insuffisant pour en vivre.

~ George Santayana, philosophe et critique américain né en Espagne

Un cœur noble ne s'affiche jamais — ses paroles sont comme des pierres précieuses, rarement exposées et de grande valeur.

~ Proverbe zen

L'envie ronge les envieux comme la rouille ronge le fer.

~ Antisthène, philosophe grec et cofondateur de l'école des Cyniques

Vivre seul est le destin de toutes les grandes âmes.

~ Arthur Schopenhauer, philosophe né en Pologne, XIXe siècle

Le génie est synonyme de patience éternelle.

~ Michel-Ange, peintre et sculpteur de Florence, XVIe siècle

Le tact, c'est l'habileté de décrire les autres comme ils se voient.

~ Abraham Lincoln, président et avocat américain

Plus d'une réputation ne reconnaîtrait pas son homme si elle le croisait dans la rue.

~ Elbert Hubbard, écrivain, éducateur et membre du Arts & Crafts Movement, XIXe siècle

La plupart des vies se passent à enfiler et à enlever des masques.

~ Gore Vidal, écrivain et critique américain

Devraient-ils chuchoter faussement de vous,
Ne vous tracassez jamais à nier ;
Les paroles qu'ils disent devraient-elles être vraies,
Pleurez, tempêtez et jurez qu'ils mentent.

~ Dorothy Parker, poète et humoriste américaine

Un être social doit pardonner.

~ Robert Frost, poète américain

J'ai toujours fait une prière à Dieu, qui est fort courte. La voici : « Mon Dieu, rendez nos ennemis bien ridicules ! » Dieu m'a exaucé.

~ Voltaire, écrivain français du Siècle des lumières

Dans notre âme peut se trouver un cœur ardent et pourtant personne ne vient s'asseoir à ses côtés. Les passants ne voient qu'une fumée sortant de la cheminée et poursuivent leur chemin.

~ Vincent van Gogh, peintre hollandais

La société est maintenant une horde polie,
Formée de deux colossales tribus,
Ceux qui ennuient et ceux qui s'ennuient.

~ Lord Byron, poète romantique anglais

13. La patience et l'humilité

Lierre naturel du cœur,
La patience masque
Les ruines de notre passé naufragé.

~ Gerard Manley Hopkins, poète religieux anglais, XIXe siècle

La patience, c'est l'amalgame du courage moral et de la timidité physique.

~ Thomas Hardy, romancier anglais

Avec patience, porte les peines que tu as méritées,
Fais le deuil, si tu le veux, de celles que tu n'as pas méritées.

~ Ovide, poète romain

L'expérience, tel un musicien blafard, porte
Un tympanon de patience dans sa main.

~ Elizabeth Barrett Browning, poète anglaise, XIXe siècle

Le génie est synonyme de patience éternelle.

~ Michel-Ange, peintre et sculpteur florentin, XVIe siècle

Souviens-toi que tu es un acteur dans un drame tel que l'auteur l'a voulu : court s'il le veut court, long s'il le veut long. S'il veut que tu joues un rôle de mendiant, même ce rôle-là joue-le avec talent ; pareillement, si c'est un rôle de boiteux, de magistrat, de simple particulier. Il dépend de toi de bien jouer le personnage qui t'est donné mais, quant à le choisir, cela dépend d'un autre.

~ Épictète, stoïcien et philosophe romain, IIe siècle

Il faut de la patience pour les joies de la vie au foyer ; les esprits instables préfèrent le malheur.

~ George Santayana, philosophe et critique américain né en Espagne

Peut-être n'existe-t-il qu'un péché capital : l'impatience. À cause d'elle, nous avons été chassés du Paradis, et à cause d'elle encore nous ne pouvons y retourner.

~ W.H. Auden, poète anglais

Craignez la fureur d'un homme patient.

~ John Dryden, poète anglais, XVIIe siècle

Le destin a donné à l'humanité une âme patiente.

~ Homère, poète grec

L'intelligence luit avec plus d'éclat lorsqu'elle s'exerce en toute humilité. Un homme brillant mais humble est un joyau qui vaut un royaume.

~ William Penn, chef religieux et colon américain, XVIIe siècle

Les choses passent… la patience permet d'atteindre tous les objectifs.

~ Mère Teresa, religieuse catholique romaine et missionnaire

L'endurance est la qualité suprême,
Et la patience toute la passion des grands cœurs.

~ James Russell Lowell, poète et éditeur de magazines, XIXe siècle

Ne croyez pas que les délais de Dieu sont les dénis de Dieu. Tenez bon, tenez le coup, tenez le choc. Le génie, c'est la patience.

~ George-Louis Leclerc du Buffon, naturaliste français, XVIIIe sicle

La patience est aux injures ce que les vêtements sont au froid : si vous mettez davantage de vêtements lorsque le froid s'intensifie, ce dernier ne pourra vous atteindre. De même, vous devez faire preuve de plus de patience lorsqu'on multiplie les injures à votre égard, et ces dernières seront impuissantes à blesser votre esprit.

~ Leonardo da Vinci, peintre, sculpteur et inventeur, XVe siècle

Patience et longueur de temps font plus que force ni que rage.

~ Jean de La Fontaine, poète et philologue français, XVIIe siècle

Il semble que la perfection soit atteinte non quand il n'y a plus rien à ajouter, mais quand il n'y a plus rien à retrancher.

~ Antoine de Saint-Exupéry, écrivain français

Soyez patient en toutes choses, mais principalement avec vous-même. Ne perdez pas courage en considérant vos propres imperfections, mais essayez d'y remédier sur-le-champ — à chaque jour suffit sa peine.

~ Saint François de Sales, évêque de l'Église catholique romaine, XVIe siècle

Ayez du courage devant les grands chagrins de la vie et de la patience devant les petits ; et quand vous aurez laborieusement accompli votre tâche quotidienne, allez dormir en paix. Dieu est réveillé.

~ Victor Hugo, poète et romancier français, XIXe siècle

La plus grande des fautes, devrais-je dire, est de n'être conscient d'aucune.

~ Thomas Carlyle, universitaire et écrivain écossais, XIXe siècle

Un mulet travaillera patiemment dix ans pour vous à seule fin d'avoir le privilège de vous décocher une ruade une bonne fois.

~ William Faulkner, romancier américain

Seuls ceux qui ont la patience de faire parfaitement les petites choses acquerront l'habileté de faire aisément les choses ardues.

~ Friedrich Schiller, poète et historien allemand, XVIIIe siècle

Tout comme le rougissement fera quelquefois passer une prostituée pour une femme vertueuse, la modestie pourra faire ressembler le fou à un homme sensé.

~ Jonathan Swift, écrivain et satiriste irlandais, XVIIIe siècle

Dieu possède deux demeures : la première au paradis, et l'autre dans un cœur doux et reconnaissant.

~ Isaak Walton, écrivain et biographe anglais, XVIe siècle

C'est en tentant d'atteindre le sommet d'un seul bond que l'homme crée tant de misère dans le monde.

~ William Cobbett, réformateur, journaliste et éducateur anglais, XIXe siècle

Fais preuve de sobriété,
Adopte la simplicité,
Diminue ton égoïsme,
Aie peu de désirs.

~ Lao-tseu, fondateur du taoïsme chinois, VIe siècle avant J.-C.

Seuls ceux qui se sentent petits aux yeux de Dieu peuvent espérer être grands aux yeux des hommes.

~ Ernest Moritz Arndt, poète allemand, XIXe siècle

Il n'est pas difficile d'être humble dans l'abjection, mais c'est une rare vertu que l'humilité parmi les honneurs.

~ Saint Bernard, homme d'Église français, XIIe siècle

Les hommes qui passent pour les plus humbles sont la plupart du temps les plus ambitieux et les plus envieux de tous.

~ Baruch Spinoza, philosophe et théologien hollandais, XVIIe siècle

Je suis né modeste ; pas partout, mais par endroits.

~ Mark Twain, écrivain et humoriste américain, XIXe siècle

Le premier signe de la vraie grandeur d'un homme est son humilité. Par humilité, je ne veux pas dire le fait de douter de son propre pouvoir. Les hommes vraiment grands ont le sentiment curieux que la grandeur n'est pas en eux, mais qu'ils en sont l'instrument. Ils voient quelque chose de divin en chaque homme et sont éternellement, follement et incroyablement miséricordieux.

~ John Ruskin, écrivain et critique d'art anglais, XIXe siècle

L'humilité est une vertu que tous prêchent, mais que personne ne met en pratique, et pourtant tout le monde est heureux d'en entendre parler. Le maître croit que c'est une bonne doctrine pour son serviteur, les laïcs pour le clergé, et le clergé pour les laïcs.

~ John Selden, historien anglais, XVIIe siècle

Les discours sur l'humilité sont une source de fierté pour le vaniteux et d'humilité pour la personne humble. Ainsi, le scepticisme porte les croyants à chercher à convaincre. Peu d'hommes parlent humblement de l'humilité, chastement de la chasteté, sceptiquement du scepticisme.

~ Blaise Pascal, mathématicien et théologien français, XVIIe siècle

Un homme humble aura acquis aux derniers échelons de ses croyances le doute salvateur de sa propre certitude.

~ Walter Lippmann, écrivain politique américain

L'humilité a sa source dans la conscience d'une indignité, parfois aussi dans le conscience éblouie d'une sainteté.

~ Colette, romancière française

Et le Diable a souri, puisque son péché chéri
Est la fierté qui imite l'humilité.

~ Samuel Taylor Coleridge, poète anglais

Nul lieu n'offre de la vanité des espérances humaines une preuve plus frappante qu'une bibliothèque publique ; on peut y voir des murs remplis d'imposants volumes, de travaux de laborieuses méditations et de recherches fondamentales, qui sont maintenant à peine connus, sauf du catalogue.

- Sumuel Johnson, lexicographe et critique, XVIIIe siècle

Soyez gentil avec ceux que vous croisez quand tout va bien, vous pourriez les croiser quand tout ira mal.

~ Jimmy Durante, comédien américain

Le soleil se couchera sans votre aide.

~ Le Talmud

Si j'avais juste un peu d'humilité, je serais parfait.

~ Ted Turner, homme d'affaires américain des médias

Reconnaissez toujours une faute. Cela prendra les responsables au dépourvu et vous donnera l'occasion d'en commettre davantage.

~ Mark Twain, écrivain et humoriste américain, XIXe siècle

Quand je vois un homme qui se trompe, je me dis à moi-même que je me suis aussi trompé. Quand je vois un homme concupiscent, je me dis que j'étais aussi comme lui. Et c'est ainsi que je ressens des affinités avec tous en ce monde et que je sens que je ne peux être heureux si le plus humble d'entre nous ne l'est pas.

~ Mohandas Gandhi, homme d'État indien

Quelqu'un m'ennuie, je crois que c'est moi.

~ Dylan Thomas, poète gallois

« J'ai fait cela », me dit ma mémoire. « Je n'ai pu avoir fait cela », me dit ma fierté qui reste implacable. Enfin, c'est ma mémoire qui cède.

~ Friedrich Nietzsche, philosophe allemand, XIXe siècle

Percevant l'humilité comme honorable, la fierté lui emprunte souvent sa cape.

~ Thomas Fuller, pasteur et humoriste anglais, XVIIe siècle

L'humilité n'est pas un substitut à la personnalité.

~ Fran Lebowitz, humoriste américain

L'humilité donne à quiconque, même à celui qui se désespère dans la solitude, la plus solide relation avec ses semblables, et ce, immédiatement, à condition, bien sûr, qu'il s'agisse d'une humilité complète et permanente.

~ Franz Kafka, écrivain tchèque

L'orgueil est le masque de nos fautes.

~ Proverbe juif

C'est le devoir de la compréhension humaine de comprendre qu'il y a des choses qui ne peuvent être comprises, et ce que sont ces choses. La compréhension humaine ne s'est communément occupée de rien sauf de comprendre ; mais si elle prenait simplement la peine de se comprendre elle-même par la même occasion, elle aurait simplement à poser comme postulat l'existence du paradoxe.

~ Soren Kierkegaard, philosophe et théologien danois, XIXe siècle

Mon aspiration est d'accomplir de grandes et nobles tâches, mais mon premier devoir est d'en accomplir de petites comme si elles étaient grandes et nobles. Le monde n'avance pas uniquement par la marche puissante de ses héros, mais également par l'union de chaque pas de ses honnêtes travailleurs.

~ Helen Keller, écrivaine et activiste pour la cause des handicapés

Il y a deux péchés capitaux humains d'où tous les autres dérivent : l'impatience et la paresse. Ils ont été chassés du Paradis à cause de leur impatience, ils n'y rentrent pas à cause de leur paresse. Mais peut-être n'y a-t-il qu'un péché capital : l'impatience. Ils ont été chassés du Paradis à cause de leur impatience, à cause de leur impatience ils n'y rentrent pas.

~ Franz Kafka, écrivain tchèque

Devant la bonté absolue, un homme se prosterne en toute humilité. Chaque échec le fait progresser. L'homme qui renonce à lui-même parvient à lui-même.

~ Ralph Waldo Emerson, auteur et activiste américain, XIXe siècle

L'arrogance invite la ruine ; l'humilité reçoit les avantages.

~ Proverbe chinois

La fierté affirme, l'humilité témoigne. Celui qui est fier veut paraître ce qu'il n'est pas. Celui qui témoigne ne veut pas paraître ce qu'il n'est pas, mais veut plutôt aimer ce qu'il est, dans son sens le plus large.

~ Saint Augustin d'Hippone, père de l'Église, IVe siècle

14. La faiblesse et la moralité

La honte provient de la peur des hommes ; la conscience, de la peur de Dieu.

~ Samuel Johnson, lexicographe et critique, XVIIIe siècle

Celui qui règne sur lui-même, qui domine ses passions, ses désirs et ses craintes est plus qu'un roi.

~ John Milton, poète anglais, XVIIe siècle

J'aime l'homme qui peut sourire de ses malheurs, tirer la force de la détresse et devenir brave par la réflexion. C'est l'affaire des petits esprits de se rétrécir, mais celui dont le cœur est solide, et dont la conscience approuve la conduite, vivra selon ses principes jusqu'à la mort.

~ Thomas Paine, scientiste politique et écrivain américain, XVIIIe siècle

Éduquer une personne sans y ajouter la dimension morale, c'est créer une menace pour la société.

~ Theodore Roosevelt, politicien et président américain

Lorsqu'un homme n'a ni la force de dominer ses pouvoirs ténébreux — qui sont réellement les anciens pouvoirs de son ancien moi périmé — ni le bon sens de les apaiser par le sacrifice et l'holocauste, ils reviennent vers lui et le détruisent de nouveau. Par conséquent, chaque nouvelle conquête de la vie équivaut à un « très cruel enfer ».

~ D.H. Lawrence, romancier et poète anglais

Gardez vos craintes pour vous-même, mais partagez votre courage.

~ Robert Louis Stevenson, auteur écossais, XIXe siècle

Le mal indique l'absence de bien. Toute absence de bien n'est pas un mal, car l'absence peut être prise autant dans le sens pur de négation que dans le sens de privation. La simple négation ne montre pas le caractère du mal, sinon la non-existence serait le mal et, qui plus est, une chose serait mal si elle ne possédait pas la qualité de quelque chose d'autre, ce qui signifierait qu'un homme est mauvais de n'avoir pas la force d'un lion ou la rapidité d'une chèvre sauvage. Mais ce qui est mal est privation ; en ce sens, l'aveuglement signifie la privation de la vue.

~ Saint Thomas d'Aquin, théologien, XIIIe siècle

Le caractère, c'est ce que vous êtes dans l'obscurité.

~ Dwight L. Moody, pasteur protestant, XIXe siècle

Ayez confiance à l'égard de la mort et prenez conscience de cette vérité — il n'y a pas de mal possible pour l'homme de bien, ni en cette vie ni au-delà.

~ Socrate, philosophe grec

Satan est plus rusé qu'il ne l'était ; maintenant, il tente les hommes en faisant des riches, non des pauvres.

~ Alexander Pope, poète anglais, XVIIIe siècle

Si la faiblesse peut excuser, le meurtrier, le traître, le parricide, l'incestueux, le sacrilège, ces derniers peuvent-ils s'en réclamer pour se défendre ? Toute méchanceté est faiblesse : un telle défense devant Dieu ou les hommes n'apportera aucune rémission.

~ John Milton, poète anglais, XVIIe siècle

La moralité est de la plus haute importance pour nous, non pour Dieu.

~ Albert Einstein, physicien américain né en Allemagne

Les faibles ont le talent de se persuader qu'ils souffrent pour quelque chose alors qu'ils souffrent de quelque chose ; qu'ils battent le chemin alors qu'ils s'enfuient ; qu'ils voient la lumière alors qu'ils ressentent de la chaleur ; qu'ils sont choisis alors qu'ils sont rejetés.

~ Eric Hoffer, philosophe américain

La véritable signification de la religion ne réside pas simplement dans la moralité, mais dans une moralité teintée d'émotion.

~ Matthew Arnold, poète anglais, XIXe siècle

Tu as tiré des louanges de la bouche des enfants et de ceux qui sont à la mamelle.

~ Mathieu, 25:29

Rien ne trahit autant le caractère des gens que les choses dont ils se moquent.

~ Johann Wolfgang von Gœthe, poète et romancier allemand

Renforcez-moi en partageant ma force, non ma faiblesse.

~ Bronson Alcott, éducateur transcendantaliste et réformateur, XIXe siècle

La conscience est une belle-mère qui ne sort jamais de chez vous.

~ H.L. Mencken, journaliste et essayiste américain

Dans la tempête, l'homme sage prie Dieu, non pour se délivrer du danger, mais pour se libérer de la peur.

~ Ralph Waldo Emerson, auteur américain et activiste, XIXe siècle

Croyez-vous vraiment que c'est la faiblesse qui cède à la tentation ? Je vous dis qu'il existe de terribles tentations qui requièrent de la force, de la force et du courage pour s'y abandonner.

~ Oscar Wilde, poète et dramaturge irlandais, XIXe siècle

Une femme ressemble à un sachet de thé – ce n'est que lorsqu'elle est dans l'eau bouillante que vous réalisez à quel point elle est forte.

~ Nancy Reagan, actrice de cinéma et première dame américaine

Dieu est bienveillant pour les bons Samaritains comme Il l'est pour les mauvais. Car tel est le royaume des cieux.

~ John Gardner, romancier américain

Notre bonté provient uniquement de nos réflexions sur la bonté ; notre méchanceté de celles sur la méchanceté. Nous aussi sommes les victimes de notre propre contemplation.

~ John Jay Chapman, poète et critique américain

Abstinence : état d'une personne faible qui cède à la tentation de se refuser un plaisir.

~ Ambrose Bierce, écrivain et journaliste américain

Faites-moi profiter de vos convictions, si vous en avez, mais gardez vos doutes, car j'ai assez des miens.

~ Johann Wolfgang von Goethe, poète et romancier allemand

Dans l'océan de l'ignominie, plus nous atteignons les profondeurs, plus facile est le naufrage.

~ James Russell Lowell, poète et éditeur de magazines, XIXe siècle

L'essence de la moralité consiste à se poser des questions sur la moralité ; et la démarche décisive de la vie humaine est de sans cesse se servir de toute lumière pour trouver l'origine de l'opposition entre le bien et le mal.

~ Georges Bataille, essayiste et philosophe français

La beauté de l'âme ressort lorsqu'un homme supporte avec sang-froid de grands malheurs les uns après les autres, non parce qu'il ne les ressent pas, mais parce qu'il a un tempérament bon et courageux.

~ Aristote, philosophe grec

Infliger la cruauté avec bonne conscience fait le délice des moralistes – c'est pourquoi ils ont inventé l'enfer.

~ Bertrand Russell, philosophe britannique

La bonne conscience est à l'âme ce que la santé est au corps ; elle préserve une sérénité et un bien-être constants à l'intérieur de nous ; elle fait plus que compenser toutes les calamités et les afflictions qui nous frapperaient de l'extérieur.

~ Joseph Addison, essayiste anglais, XVIIe siècle

L'image que nous avons de Dieu est celle de l'amour de la vérité et de la justice.

~ Démosthène, orateur grec, IVe siècle avant J.-C.

Presque tous les hommes peuvent faire face à l'adversité mais, si vous voulez vraiment éprouver le caractère de quelqu'un, donnez-lui le pouvoir.

~ Abraham Lincoln, président et avocat américain

Une seule chose permet de supporter le poids de la vie durant son cours : la tranquillité de la conscience.

~ Euripide, dramaturge et tragédien grec

Il est raisonnable de dire qu'aucune superstition n'est si nuisible à la croissance, si débilitante et paralysante pour l'esprit et le cœur des gens, que la superstition de la Moralité.

~ Emma Goldman, anarchiste et activiste née en Lituanie

La moralité arrive avec la sage tristesse de l'âge, alors que le sens de la curiosité s'est flétri.

~ Graham Greene, romancier et dramaturge anglais

Tout homme, selon sa propre opinion, constitue une exception aux règles établies de la moralité.

~ William Hazlitt, essayiste anglais, XVIIIe siècle

Sur les questions de morale, je ne sais qu'une chose : est moral ce qui fait qu'on se sent bien, et immoral ce qui fait qu'on se sent mal.

~ Ernest Hemingway, romancier américain

La morale n'est donc pas à proprement parler la doctrine qui nous enseigne comment nous devons nous rendre heureux, mais comment nous devons nous rendre dignes du bonheur.

~ Immanuel Kant, philosophe allemand, XVIIIe *siècle*

Pour donner une pleine connaissance de la moralité à un homme, je ne lui conseillerais aucun autre livre que le Nouveau Testament.

~ John Locke, philosophe anglais, XVIIe *siècle*

Ce n'est pas le travail qui tue l'homme ; c'est l'inquiétude. Le travail est sain. Vous pouvez difficilement donner à un homme plus de travail qu'il n'en peut supporter. L'inquiétude, c'est la rouille sur le fil de l'épée. Ce n'est pas la révolution qui détruit la machinerie, mais la friction. La peur sécrète des acides, mais l'amour et la confiance sont de délicieuses boissons.

~ Henry Ward Beecher, pasteur et réformateur protestant, XIXe *siècle*

Il est ridicule de prétendre que nous sommes tous frères de sang. La vérité, c'est beaucoup plus que nous sommes tous, au plus profond de notre être, des cannibales, des assassins, des traîtres, des voleurs, des hypocrites et des poltrons.

~ Henry Miller, auteur et essayiste américain

L'union des plus faibles développe la force, non la sagesse. Tous les hommes de la terre peuvent-ils se venger d'une seule des feuilles tombées en automne ? Mais l'homme sage se venge en construisant sa ville dans la neige.

~ Wallace Stevens, poète américain

Partout, la difficile conjoncture éthique que nous vivons s'impose comme une urgence telle qu'à la question « Avons-nous quelque chose à manger ? », elle répondrait non pas en termes matériels mais éthiques.

~ Hugo Ball, artiste dada, poète et directeur de scène né en Allemagne

Qui prie pour Satan ? Qui, au XVIIIe siècle, a eu la grande humanité de prier pour le pécheur qui en avait le plus besoin ?

~ Mark Twain, écrivain et humoriste américain, XIXe siècle

La moralité, l'éthique, les lois, les mœurs, les croyances et les doctrines, tout cela est sans importance. Tout ce qui compte, c'est que les miracles deviennent la norme.

~ Henry Miller, auteur et essayiste américain

15. L'art et la créativité

L'art est un mensonge qui nous permet de dévoiler la vérité.

~ Pablo Picasso, peintre espagnol

On reconnaît généralement que la créativité requiert du temps libre, une absence de hâte, du temps pour que l'esprit et l'imagination puissent voltiger, errer et vagabonder, du temps pour que l'être puisse descendre dans les profondeurs de sa psyché et entendre les signaux à peine audibles bruissant pour attirer son attention. De longues périodes de temps peuvent s'écouler où rien ne semble se produire. Mais nous savons qu'il faut créer ce type d'espace pour que l'esprit s'extirpe de ses ornières coutumières, qu'il se départisse du mécanique, du connu, du familier, de l'usuel, et bondisse vers le nouveau.

~ Nathaniel Branden, auteur et psychothérapeute américain

Un autre élément non résolu dans l'art moderne est le symptôme commun de l'immaturité, la crainte de faire ce qui a déjà été fait.

~ Edith Wharton, romancière américaine, XIXe siècle

Les œuvres d'art, à mon avis, sont les seuls objets dans l'univers matériel qui possèdent un ordre interne et, c'est pourquoi, même si je ne crois pas que seul l'art importe, je crois en la locution « l'art pour l'art ».

~ E.M. Forster, romancier anglais

Tout art est en quelque sorte une confession, plus ou moins oblique. Tous les artistes, s'ils veulent survivre, sont en fin de compte forcés à raconter toute l'histoire — à vomir leur angoisse.

~ James Baldwin, romancier afro-américain

L'art est l'essentiel de la vie ; il lui donne son intérêt et son importance, et je ne connais aucun substitut qui en ait la force et la beauté.

~ Henry James, romancier américain

L'art, c'est la façon humaine de disposer la matière sensible ou intelligible dans un dessein esthétique.

~ James Joyce, romancier irlandais

L'art est l'activité humaine par laquelle une personne peut, volontairement, et au moyen de signes extérieurs, communiquer à d'autres les sensations et les sentiments qu'elle éprouve elle-même.

~ Léon Tolstoï, romancier russe, XIXe siècle

Ce qui me semble, à moi, la grandeur de l'art (et le plus difficile), ce n'est ni de faire rire, ni de faire pleurer, ni de vous mettre en rut ou en fureur, mais d'agir à la façon de la nature, c'est-à-dire de faire rêver.

~ Gustave Flaubert, romancier français, XIXe siècle

Je ne peux supporter les œuvres d'art autour desquelles on se promène pour les admirer. Un livre devrait être un bandit, un rebelle ou un homme dans la foule.

~ D.H. Lawrence, romancier et poète anglais

Notre espèce est la seule qui soit créatrice et, à cette fin, elle ne dispose que d'un seul outil : l'esprit individuel de l'homme. Deux hommes n'ont jamais rien créé conjointement. Il n'existe pas de cohabitation efficace en musique, en poésie, en mathématiques ou en philosophie. C'est seulement après qu'a eu lieu le miracle de la création que le groupe peut l'exploiter. Le groupe n'invente jamais rien. Le bien le plus précieux est le cerveau isolé de l'homme.

~ John Steinbeck, romancier américain

L'art devrait être apprécié avec passion et violence, non avec une élégance tiède, désapprobatrice, qui craint la sévérité d'un lieu public.

~ W. Somerset Maugham, romancier et dramaturge né en France

La véritable fonction de l'art est de… retoucher la nature et de la rendre ainsi cohérente et belle. L'artiste est une sorte de correcteur d'épreuves imperturbable, qui corrige les erreurs orthographiques de Dieu.

~ H.L. Mencken, journaliste et essayiste américain

L'art, c'est la communication de l'extase.

~ Peter Ouspensky, philosophe né en Russie

L'art est une œuvre conjointe de Dieu et de l'artiste, et moins l'artiste en fait, mieux c'est.

~ André Gide, écrivain et critique français

Un véritable artiste laissera sa femme mourir de faim, ses enfants aller pieds nus, et sa mère de soixante-dix ans trimer pour le faire vivre.

~ George Bernard Shaw, dramaturge et essayiste irlandais

Ce n'est qu'à travers l'art que nous pouvons émerger de nous-mêmes et savoir ce que l'autre voit.

~ Marcel Proust, romancier français

La créativité naît de la confiance. Faites confiance à votre instinct. Et n'espérez jamais obtenir plus que votre travail.

~ Rita Mae Brown, écrivaine et activiste féministe américaine

Dans le cas de nombreux poètes, la chose la plus importante à faire… serait d'écrire le moins possible.

~ T.S. Eliot, poète né en Amérique

Un homme est toujours un conteur d'histoires, il vit entouré de ses histoires et des histoires des autres, il voit tout ce qui lui arrive à travers eux ; et il cherche à vivre sa vie comme s'il la racontait. Mais il faut choisir : vivre ou raconter.

~ Jean-Paul Sartre, philosophe et dramaturge français

Les histoires ne doivent pas simplement être des fragments de l'imaginaire servant à meubler une heure oisive ; depuis l'apparition de la race humaine, les prêtres, les poètes et les sorciers les ont utilisées comme remèdes magiques, comme moyen d'enseignement et pour aider les gens à assumer le fait qu'ils se heurteront sans cesse à d'insolubles problèmes et à des réalités insupportables.

~ Joan Aiken, romancière fantaisiste anglaise

Il n'existe pas plus grande agonie que de garder en soi une histoire non dévoilée.

~ Maya Angelou, poète américaine

L'histoire — de *Rumplestiltskin* à *La guerre et la paix* — est un des outils de base inventés par l'esprit humain afin de gagner la compréhension. Il y a eu de grandes sociétés qui n'ont pas utilisé la roue, mais toutes ont raconté des histoires.

~ Ursula K. LeGuin, écrivaine de science-fiction américaine

L'essence de tout art est de se faire plaisir en donnant du plaisir.

~ Mikhail Baryshnikov, danseur de ballet russe

Plus un homme cultive l'art, moins il s'adonne à la fornication. Un clivage de plus en plus apparent se produit entre l'esprit et la bête.

~ Charles Baudelaire, poète symboliste français, XIXe siècle

Afin que l'artiste puisse avoir un monde à exprimer, il doit d'abord se situer dans ce monde, opprimé ou oppresseur, résigné ou rebelle, un homme parmi les hommes.

~ Simone de Beauvoir, essayiste et féministe française

J'aime écrire quand je me sens malveillant ; c'est comme avoir un bon éternuement.

~ D.H. Lawrence, romancier et poète anglais

L'œuvre d'art, au même titre d'ailleurs que tout fragment de la vie humaine considéré dans sa signification la plus profonde, me semble dénuée de valeur si elle n'offre pas la dureté, la rigidité, la régularité et le lustre du cristal sur toutes ses faces intérieures ou extérieures.

~ André Breton, poète et critique français

Les beaux-arts, qui se suffisent à eux-mêmes, représentent l'art dans un état ultime d'impuissance. Si personne, incluant l'artiste, ne reconnaît l'art comme un moyen de connaître le monde, l'art est relégué à une sorte de salle de jeu de l'esprit, et l'irresponsabilité de l'artiste et l'inapplicabilité de l'art dans la vie réelle deviennent une composante de la pratique de l'art.

~ Angela Carter, romancière anglaise

L'art est bon lorsqu'il jaillit de la nécessité. Une telle origine garantit sa valeur ; il n'y en a pas d'autre.

~ Neal Cassady, figure littéraire de la génération des beatniks

La religion et l'art ont les mêmes racines et sont de proches parents. La science économique et l'art sont des étrangers.

~ Willa Cather, romancière américaine, XIXe siècle

Quand je veux savoir ce qu'est l'art, je prends une de mes toiles et la place près d'un objet que Dieu a créé, par exemple un arbre ou une fleur. Si elle détonne, ce n'est pas de l'art.

~ Marc Chagall, peintre né en Russie

La dignité de l'artiste repose sur son devoir de garder éveillé le sens de l'émerveillement dans cet univers. Pendant cette longue vigile, il doit souvent varier ses méthodes de stimulation ; pendant cette longue vigile il doit aussi s'efforcer de lutter contre une tendance continuelle à s'endormir.

~ G.K. Chesterton, essayiste et auteur anglais

L'art est simplement le refuge que les ingénieux ont inventé, après avoir eu nourriture et femme, pour échapper à l'ennui de la vie.

~ W. Somerset Maugham, romancier et dramaturge né en France

Heureusement, l'art est un effort communautaire — celui d'une petite communauté triée sur le volet qui vit dans un monde spiritualisé et qui s'efforce d'interpréter les guerres et les solitudes de la chair.

~ Allen Ginsberg, poète beatnik américain

L'art est si merveilleusement irrationnel, joyeusement inutile, mais tout de même nécessaire. Inutile et pourtant nécessaire, chose difficile à comprendre pour un puritain.

~ Gunter Grass, romancier allemand né en Pologne

L'irresponsabilité est une composante du plaisir de tous les arts ; c'est la partie que les écoles ne peuvent reconnaître.

~ Pauline Kael, critique de film

Le but de tout artiste est d'arrêter le mouvement, qui est la vie, par des moyens artificiels et de le fixer de manière à ce que cent années plus tard, lorsqu'un étranger le regarde, il se remette à bouger parce que c'est la vie. L'homme étant mortel, la seule immortalité possible pour lui est de laisser derrière lui quelque chose d'immortel qui demeurera toujours en mouvement. C'est la façon de l'artiste d'écrire « Kilroy est passé ici » sur le mur de l'oubli ultime et irrévocable à travers lequel il doit passer un jour.

~ William Faulkner, romancier américain

Je ne vois rien de plus important pour l'avenir de notre pays et de la civilisation que la pleine reconnaissance de la place de l'artiste. Si l'art doit nourrir les racines de notre culture, la société doit veiller à ce que l'artiste soit libre de suivre sa vision, peu importe où cela le conduit.

~ John F. Kennedy, président et politicien américain

L'art est la science rendue plus claire.

~ Jean Cocteau, poète, dramaturge et producteur de films français

L'art est l'enfant de la Nature ; oui, son enfant chéri, dans lequel nous traçons les traits du visage de la mère, son aspect et son attitude.

~ Henry Wadsworth Longfellow, poète américain, XIXe siècle

Une œuvre où il y a des théories est comme un objet sur lequel on laisse la marque du prix.

~ Marcel Proust, romancier français

Il existe une vision faussement mystique de l'art qui assume une sorte d'inspiration surnaturelle, une possession par les forces universelles sans rapport avec les questions de pouvoir et de privilège ou la relation de l'artiste avec le pain et le sang. Dans cette vision, le canal de l'art peut seulement s'obstruer et être mal orienté par les préoccupations de l'artiste sur des perturbations simplement temporaires et locales. Le chant est plus élevé que la lutte.

~ Adrienne Rich, poète américaine

J'ai écrit le livre parce que nous allons tous mourir.

~ Jack Kerouac, romancier et poète beatnik américain

L'expérience visionnaire ou mystique ne dure jamais très longtemps. C'est à l'art de capter cette expérience et, dans le cas de la littérature, de l'offrir aux lecteurs ; de devenir, pour une culture profane, matérialiste, une sorte de substitut à ce que donne l'amour de Dieu dans le monde de la foi.

~ Salman Rushdie, romancier né en Inde

Une fonction principale de l'art et de la pensée consiste à libérer l'individu de la tyrannie de sa culture dans le sens environnemental et à lui permettre de la dépasser par une autonomie de perception et de jugement.

~ Lionel Trilling, critique littéraire et essayiste américain

La poésie et le progrès sont deux ambitieux qui se haïssent d'une haine instinctive et, quand ils se rencontrent dans le même chemin, il faut que l'un des deux serve l'autre.

~ Charles Baudelaire, poète symboliste français, XIXe siècle

La poésie n'est pas l'expression d'une discipline de parti. C'est ce moment de la nuit où couché dans votre lit vous réfléchissez à vos croyances profondes et où votre univers privé devient public. C'est ça la poésie.

~ Allen Ginsberg, poète beatnik américain

Je déteste passionnément l'idée de se conformer. Je crois qu'un artiste doit toujours être déphasé par rapport à son époque.

~ Orson Welles, acteur et directeur de film américain

J'habite vraiment dans un système dans lequel les mots ont la capacité d'ébranler la structure entière d'un gouvernement, où les mots peuvent se révéler plus forts que dix divisions militaires.

~ Vaclav Havel, dramaturge et président tchèque

Eeyore se disait à lui-même : « Cette industrie de l'écriture. Des crayons et ainsi de suite. Surfaite, si vous me posez la question. Des trucs stupides. Il n'y a rien là. »

~ A.A. Milne, écrivain anglais spécialisé dans l'écriture pour enfants

L'art symbolise deux des efforts les plus nobles de l'homme : construire et se retenir de détruire.

~ Simone Weil, philosophe française

À travers le monde, on entend un long cri s'échapper du cœur de l'artiste : donnez-moi le loisir de faire tout mon possible.

~ Isak Dinesen, romancier né au Danemark

La créativité autorise chacun à faire des erreurs. L'art, c'est savoir lesquelles garder.

~ Scott Adams, bédéiste américain

On doit, au moins chaque jour, écouter une petite chanson, lire un bon poème, voir une belle image et, si possible, prononcer quelques paroles raisonnables.

~ Johann Wolfgang von Goethe, poète et romancier allemand

Le poète juge non comme un juge le fait, mais comme le soleil inonde une chose délaissée.

~ Walt Whitman, poète américain

Pour la majorité des gens créatifs, la vie n'est qu'un sale tour.

~ F. Scott Fitzgerald, romancier américain

La différence entre l'Art et la Vie, c'est que l'Art est plus supportable.

~ Charles Bukowski, romancier américain

Les temps sont durs. Les enfants n'obéissent plus à leurs parents, et tout le monde écrit un livre.

~ Marcus Cicéron, orateur et écrivain romain

Ce n'est pas l'intellect qui crée la nouveauté, mais plutôt l'instinct du jeu qui agit par nécessité intérieure. L'esprit créatif joue avec les objets qu'il aime.

~ Carl Jung, psychiatre suisse

La créativité est la rencontre miraculeuse entre l'énergie sans inhibition de l'enfant et son apparent opposé et ennemi – le sens de l'ordre imposé à l'intelligence disciplinée de l'adulte.

~ Norma Podhoretz, écrivaine américaine, éditrice et critique littéraire

Le potentiel créatif de l'être humain est lui-même l'image de Dieu.

~ Mary Daly, théologienne et écrivaine féministe américaine

Je ne fais rien. L'Esprit saint accomplit tout à travers moi.

~ William Blake, artiste, poète et mystique, XVIIe siècle

Ressources

Livres

Bartlett, John, et Kaplan, Justin. *Bartlett's Familiar Quotations, 16e éd.* Little, Brown, 1992.

Bly, Robert, James Hillman et Michael Meade. *The Rag and Bone Shop of the Heart*. HarperCollins, 1992.

Carroll, Andrew. *Letters of a Nation.* Broadway Books, 1999.

The Columbia World of Quotations. Columbia University Press, 1996.

Fitzhenry, Robert I. *The Harper Book of Quotations, 3e éd.* HarperCollins, 1993.

Kemp, Peter. *The Oxford Dictionary of Literary Quotations.* Oxford University Press, 1997.

Knowles, Elizabeth. *The Oxford Dictionary of 20th-Century Quotations.* Oxford University Press, 1998.

Miller, Henry. *Black Spring.* Grove Press, 1963.

The Portable Dorothy Parker. Penguin Books, 1976.

Sites Web

About – Women's Hitory, Women's Voices (http://womenshistory.about.com/library/qu/blqulist.htm)

Bardeby.com

BrainyQuote.com

Curious Quotes (www.curiousquotes.com)

Curmudgeon-Online (www.curmudgeon-online.com)

Famous Quotes and Famous Sayings Network (home.att.net/-quotations/)

Food Reference Website (www.foodreference.com)

Great-Quotes.com

Motivational Quotes (www.motivationalquotes.com/)

One Proverb (www.oneproverb.com/)

Project Gutenberg

Quotes of the Day (www.qotd.org)

Surf-in-the-Spirit (www.surfinthespirit.com/advice/)

The Quotations Page (www.quotationspage.com/)

ThinkExist.com

À propos de l'auteure

Michelle Heller est née à Burlington, au Vermont. Elle a grandi à Binghamton, New York, a vécu à Londres, en France et à New York. Elle habite maintenant San Francisco, où elle analyse les méditations trouvées sur les murs des toilettes publiques. Elle détient un diplôme en création littéraire de la Tufts University. Elle a travaillé comme adjointe dans une galerie d'art, recherchiste dans un musée, éditrice, correctrice d'épreuves, femme de chambre, serveuse de cocktails, opératrice de manèges et conceptrice-rédactrice de sites Internet.

Pour obtenir une copie
de notre catalogue,
commmuniquez avec :
AdA
1385, boul. Lionel-Boulet
Varennes, Québec
J3X 1P7
Téléc : (450) 929-0220
info@ada-inc.com
www.ada-inc.com
Pour l'Europe, voici les coordonnées :
France : D.G. Diffusion Tél. : 05.61.00.09.99
Belgique : D.G. Diffusion Tél. : 05.61.00.09.99
Suisse : Transat Tél. : 23.42.77.40